Textos de arquitectura:

Concursos docentes universitarios

Serie Publicaciones de Cátedra
Facultad de Arquitectura, Planeamiento y Diseño
Universidad Nacional de Rosario

Dr. Héctor Floriani, Decano
Arq. Marcelo Barrale, Vicedecano
Dra. Isabel Martínez de San Vicente, Secretaria Académica
Arq. Cristina Gómez, Sub Secretaria Académica
Arq. Bibiana Ponzini, Sub Secretaria Académica
Dr. Roberto Kawano, Secretario de Investigación y Posgrado
Arq. Natalia Jacinto, Sub Secretaria de Investigación y Posgrado
Arq. Graciela Vallina, Secretaria de Relaciones Universitarias y
Asuntos Estudiantiles
Arq. Alejandro Romagnoli, Secretario de Extensión Universitaria
Arq. Javier Povrzenic, Secretario Técnico
Sr. Antonio Véntola, Director General de Administración

NOTA:

Cada uno de los autores asume absoluta responsabilidad sobre el
contenido y fuentes, tanto gráficas como escritas.

Textos de arquitectura:
Concursos docentes universitarios

Laura Soboleosky

COMPILADORA

Patricia Barbieri
Javier Povrzenic
Cristina Gómez
Laura Soboleosky
Patricia Benito
Adriana Montelpare
Claudia Chiarito

Facultad de Arquitectura, Planeamiento y Diseño
UNIVERSIDAD NACIONAL DE ROSARIO

nobuko

Textos de arquitectura: concursos docentes universitarios / compilado por
Laura Soboleosky. - 1a ed. - Buenos Aires: Nobuko, 2009.
130 p.: il.; 21x15 cm.

ISBN 978-987-584-226-7

1. Arquitectura. 2. Enseñanza Superior. I. Soboleosky, Laura, comp.
CDD 720.071 1

DISEÑO GENERAL
Karina Di Pace

DISEÑO DE TAPA
Liliana Foguelman

FOTO DE TAPA
José María Carcedo

Hecho el depósito que marca la ley 11.723

ISBN: 978-987-584-226-7

Junio de 2009

Índice

Prólogo

La construcción del conocimiento

Escribir despegado de la cotidianeidad del compartir la tarea académica tiene sus ventajas y sus inconvenientes.

La ventaja es que escribimos estrictamente sobre lo leído, desprendido de pasiones, de afectos o de enemistades que siempre inciden en nuestros juicios, voluntaria o subliminalmente.

Aquí escribiré sobre unos textos despegado de toda vinculación con sus autores y esto me asegura libertad académica de expresión, fuera de cualquier otra influencia.

La desventaja es que estos trabajos se producen en un contexto específico concreto: la Facultad de Arquitectura, Planeamiento y Diseño de la U.N.R, de la que estoy lejano desde hace muchos años, y que a pesar de mi condición de rosarino, ex alumno y ex profesor de dicha facultad, me siento hoy extranjero con respecto a la cotidianeidad de la misma.

Otro de los inconvenientes es que los textos han sido escritos por arquitectos y docentes, cuyo pensamiento seguro es más amplio y profundo que estos textos y al no conocerlos o no poder tener relación con ellos, me lleva a que acote su comprensión a la mera lectura de los mismos. Espero que en este sentido, se sepa entender cualquier simplificación que se produzca en mis comentarios.

Hecha esta consideración quiero comenzar mis reflexiones por la cita de la introducción de Laura Soboleosky del artículo *"Vericuetos del Publicar o Morir"*.

En su oposición a la Cátedra de Proyectos de la Escuela Superior Técnica del Vallés (UPC) Enric Miralles, planteó: *"Todo lo que no se publica no existe"*.

Con esta rotundidad Enric Miralles quería significar que en el mundo del conocimiento arquitectónico, toda obra, escrito o pensamiento, solo tomaba estado de existencia como conocimiento real cuando estaba publicado y podía ser compartido, discutido o criticado públicamente por la colectividad arquitectónica.

Así una "obra" hecha en un lugar no muy visible, o una conferencia o unas clases podían pasar desapercibidas, quedando en la experiencia de unos pocos.

La publicación de la obra y sus reflexiones o textos constituyen el cuerpo disciplinar de la arquitectura. Un ejemplo de todo esto es el último libro publicado por Rafael Moneo *"Inquietud Teórica - Estrategia Proyectual en la obra de 8 Arquitectos Contemporáneos"*, que recoge sus clases en los años 90 en Harvard y que de no haberse publicado habrían sido solo conocidas por los afortunados alumnos, por lo que gracias a su publicación se ha convertido en uno de los textos fundamentales de este principio de siglo.

Con referencia al artículo citado no creo que Miralles con sus obras ni Moneo con su producción intelectual buscaran sumar líneas a su currículum.

Por todo esto, coincido con la introducción, que plantea que esta publicación se propone la divulgación del conocimiento, tratando de compartirlo con todo aquel que lo lea.

Su publicación *le da existencia* y por lo tanto lo incorpora al cuerpo de conocimiento para su discusión y crítica.

Habiendo planteado mi posición con respecto al hecho de publicar estos textos, me gustaría referirme a los conceptos, para mi, más relevantes en cuanto a los contenidos de los mismos. Uno de los conceptos más reiterados en el conjunto de los textos *es la construcción de la mirada.*

Enseñar a mirar desde la arquitectura significa *aprender a mirar de una manera diferente*, específica, disciplinar. No tiene que ver solo con la etapa de análisis, sino que está permanentemente presente en toda la etapa del proyecto.

Yo siempre he mantenido que la *"Arquitectura está antes que la arquitectura en el lugar. Si sabemos leer el lugar, encontramos el Proyecto".*

Desde la *lectura del lugar*, pasamos a la lectura del proyecto, es decir al continuo proceso que encadena *"esquemas, bocetos, planimetrías, axonometrías y maquetas que se van desarrollando en forma creciente la mirada… la construcción de la mirada. Trabajo de desarrollo lento y permanente, buscando que la complejidad de la arquitectura interpele al alumno, que no desequilibre, y que le exija mirar desde un lugar nuevo".*[1]

Que otra cosa es, el proyectar que una forma personalizada de mirar la arquitectura.

Otro de los conceptos compartido por varios de los textos es el que se refiere a la relación *arquitectura y lugar: "La arquitectura en relación a su contexto, destacando siempre, la relación obra-sitio…" "Fundar un lugar, arquitecturizar la tierra, encontrar el sentido de pertenencia, construir un lugar".*

---

1. PATRICIA BARBIERI. Recorrido de la mirada de la lectura a la ejercitacion proyectual en vivienda.

En este sentido el ejercicio sobre un sector de la calle Córdoba (Rosario) me pareció paradigmático del contenido de la relación lugar y arquitectura.

El sitio, la ciudad, la Arquitectura construyendo la ciudad.

Aparecen conceptos de "puertas" urbanas, los edificios como balcones, el sector de permanencias denominado el sector de las molduras, la identificación de "objetos singulares" que define Jean Nouvel, lo que sería igual a la idea de tejido y monumento de Aldo Rossi. *"La introducción a la Arquitectura, es una introducción al campo disciplinar…"* contenido en la propia Arquitectura.[2]

Si como decía Kahn, *la arquitectura no existe, existen las arquitecturas*, no hay otra manera de estudiar arquitectura que no sea *estudiando las arquitecturas*, no para copiarlas o utilizarlas como referentes sino *para saber*.

El ejercicio de comparación de la *Casa Farnsworth* de Mies van der Rohe y la *Casa del Puente* de Amancio Williams, me parece excelente tanto para obtener conocimiento del estudio comparado de las arquitecturas como también de sus relaciones con el lugar.

Por último me pareció muy interesante la descripción del proceso de aprendizaje de la labor del proyectar Arquitectura que aparecen varios de los textos:

"La foto capta todo, los dibujos seleccionan de acuerdo a intencionalidades"
"Los alumnos mientras croquizan van adquiriendo conocimiento de las características de una obra de Arquitectura: lo curvo y lo recto, el basamento y el desarrollo, el lleno y el vacío. Y así, de pasivo receptor a activo protagonista."[3]

---

2. Cristina Gómez. Primera experiencia proyectual.
3. Laura Soboleosky. Gráfica y proceso de diseño.

Yo como arquitecto, en mi estudio soy casi el único que sigue dibujando a mano, porque al contrario que el dibujo del ordenador, me permite ser selectivo e intencionado, en los croquis tiendo a exagerar lo que pretendo conseguir y cuando dibujo con *paralex* a escala, como es un dibujo lento, me da tiempo para pensar y buscar la solución.

Para explicar el *"Proceso de Proyectar"* se plantea:

"¿Cómo comenzar a proyectar? ¿Cómo enseñar a proyectar?
Decimos que no existe la creación desde la nada, sino cons-
trucción desde la mirada.
Partimos de la interpretación del lugar y del tema.
Partimos de una idea:
▪ Idea de una huella de la memoria (brechas de las vías del
ferrocarril, muelles, miradores)
▪ Idea de metáforas
▪ Ideas de referentes
▪ Ideas de la correspondencia con el contexto o su oposición". [4]

De toda esta clara y didáctica exposición solo me planteo una duda en referencia a un argumento analógico, el uso de metáforas. Muchos arquitectos recurren a este argumento no para explicar su proyecto o para comenzarlos, *sino para justificarlos*, planteando que la metáfora es lo que da validez al proyecto. Esto en general es falso ya que *la Arquitectura no necesita analogías* para justificar su valor.

La Arquitectura no es análoga a nada excepto a la Arquitectura y considero que introducir este concepto en los alumnos que se inician es peligroso.

---

4. Laura Soboleosky. Gráfica y proceso de diseño.

"No existe la creación desde la nada sino construcción de la mirada" decía Luigi Snozzi, los Arquitectos *no inventamos, reinventamos* desde la memoria y la observación.

Como reflexión final entendemos que los textos resultan un registro concreto de un momento en el pensamiento de los docentes de introducción a la Arquitectura, que es útil para alumnos y docentes hoy y lo será también en el futuro cuando pueda releerse lo que planteaban y pensaban los docentes en el 2008.

La facultad como toda institución intelectual debe *construir su cuerpo de conocimientos* desde estos registros puntuales de la actividad docente, que no debe plantear solo en la instancia de las oposiciones, y debe generalizar al conjunto de la producción docente de la facultad.

Los textos resultan una *explicitación* de una forma de enseñar a proyectar que al estar escrita y publicada, se presentan al conjunto de la comunidad docente para su valoración crítica en la construcción de conocimiento colectivo.

Por último el conjunto de planteos conceptuales y prácticos sobre la manera de introducir la problemática del proceso de proyectación, resulta el centro del discurso común a todos los textos que entendemos será de gran utilidad para los alumnos que ingresan al taller de Introducción a la Arquitectura que podrán comprender con su lectura qué se espera de ellos en su próxima práctica, como también para el cuerpo docente específico de este taller y para los docentes en su conjunto que podrán discutir, desarrollar o criticar los conceptos, y ejercicios planteados en la permanente búsqueda de un avance en la tarea de enseñar Arquitectura.

Mario Corea
Barcelona, noviembre de 2008

Los autores

Patricia Barbieri es Arquitecta (1978), Profesora en Arquitectura (2002) e Investigadora (2004) de la Facultad de Arquitectura, Planeamiento y Diseño de la Universidad Nacional de Rosario. Ejerce la docencia desde el año 2000. Ha cursado la maestría en Educación Universitaria, Facultad de Humanidades y Artes Universidad Nacional de Rosario

Javier Povrzenic es Arquitecto egresado en el año 1997 y ejerce la docencia desde 1999 en la Facultad de Arquitectura, Planeamiento y Diseño de la Universidad Nacional de Rosario. Realiza digitalización de trabajos producidos en la Cátedra.

Cristina Gómez es Arquitecta (1988) Universidad Nacional de Rosario, Especialista en Patología y Terapéutica en la Edificación y en Teoría, Historia e Intervención en la Rehabilitación de Edificios por la Universidad Politécnica de Madrid. Se desempeña como Profesora Adjunta desde 1997 en la Facultad de Arquitectura,

Planeamiento y Diseño de la Universidad Nacional de Rosario luego de haber sido Jefa de Trabajos Prácticos desde 1989.

Laura Soboleosky es Arquitecta (1979) y Magíster en Educación Universitaria (2006) de la Universidad Nacional de Rosario. Ejerce la Docencia (1980) e Investigación (1999) en la Facultad de Arquitectura, Planeamiento y Diseño de la Universidad Nacional de Rosario. Ha editado libros en coautoría: *Sistema de Generación de los Poliedros Semirregulares* (1982), *La Construcción del Patrimonio Disciplinar* Tomo I (2005) y Tomo II (2006) U.N.R. Editora y es autora de *La Evaluación en el Taller de Arquitectura: una mirada exploratoria* (2007) Editorial Nobuko.

Patricia Benito es Arquitecta de la Universidad Nacional de Rosario (1984) y se desempeña como docente desde 1987 en la Facultad de Arquitectura, Planeamiento y Diseño de la Universidad Nacional de Rosario. Realiza trabajos de investigación relacionados con la docencia y en especial con el Ciclo Básico de la carrera. Posee una extensa actividad en extensión universitaria.

Adriana Montelpare es Arquitecta (1981) y se ha desempeñado como docente en la asignatura Introducción a la Arquitectura de la Facultad de Arquitectura, Planeamiento y Diseño de la Universidad Nacional de Rosario desde 1993. Se desempeña como Profesora Adjunta en la Facultad de Arquitectura de Rosario de la Universidad Abierta Interamericana y como Profesora Titular en la Escuela Superior de Diseño Gráfico de Rosario. Realiza trabajos de investigación desde 1993. Ha publicado en coautoría *La Construcción del Patrimonio Disciplinar* Tomo I (2005) y Tomo II (2006) U.N.R. Editora.

Claudia Chiarito es Arquitecta de la Universidad Nacional de Rosario (1984) y se desempeña como docente desde 1985 en la Facultad de Arquitectura, Planeamiento y Diseño de la Universidad Nacional de Rosario. Realiza trabajos de investigación relacionados con la docencia que tienen justamente al Taller de Arquitectura como objeto de estudio, entre otros. Es coautora en el trabajo de extensión "Flamarión Sur. Vecinos, profesionales y estudiantes juntos en espacios para crecer" premiado y seleccionado por el Ministerio de Cultura de la Nación (2005).

Introducción

Laura Soboleosky

Los docentes universitarios obtenemos nuestros cargos a través de concursos dispuestos por el Consejo Directivo de la Facultad.

El trabajo de compilar textos de concursos docentes universitarios tiene la intención de capitalizar el esfuerzo que significa rendir un concurso, compartirlo con nuestros colegas y alumnos y difundir la construcción de conocimiento que hemos generado en relación a distintos temas de arquitectura.

¿Qué decimos los docentes universitarios en un concurso?

¿Qué preparamos para la oposición de un concurso docente?

¿Qué temas de la arquitectura abordamos?

¿Qué dice el jurado de lo que decimos?

Los textos recopilados pertenecen a las pruebas de oposición de concursos para la obtención de cargos de Jefe de Trabajos Prácticos (Barbieri, Povrzenic, Soboleosky, Benito, Montelpare, Chiarito) y de Profesor Adjunto (Gómez) de cátedras del ciclo básico de la Facultad de Arquitectura, Planeamiento y Diseño de la Universidad Nacional de Rosario.

Entendemos que cada uno de los textos, si bien no tienen un referato explícito, están avalados por el dictamen de una comisión asesora, integrada por tres Arquitectos Profesores Titulares, un Arquitecto Graduado y un estudiante, quienes evaluaron en su momento la prueba de oposición en un concurso docente.

Se perciben en los textos acuerdos conceptuales en la enseñanza de distintos temas de la arquitectura que devienen del Plan de Estudios de la Facultad de Arquitectura, Planeamiento y Diseño Universidad Nacional de Rosario del año 1985.

Por otro lado la idea de publicar los textos de concursos docentes también tiene relación con el artículo de la *Revista Ñ* del 24 de noviembre de 2007 titulado *"Vericuetos del Publicar o Morir"*.. Su autora, la periodista francesa Mathilde Gerard nos comenta que una carrera académica progresa en gran medida por los libros y artículos que publica cada investigador que es su manera de probar que *"produce conocimiento"*. Pero Gerard cuestiona lo que se convirtió en el *"lema involuntario de los docentes universitarios: publicar o morir (publish or perish)"* cuando dice que *"la prueba de tal producción es la publicación, para postularse a cargos o becas, y que se requieren publicaciones que son supuestos indicadores del peso de un docente o investigador dentro de la comunidad científica."*

Nosotros simplemente compartimos la idea del artículo que un académico tiene las dos misiones: de construir conocimiento y de ser capaz de transmitirlo, y modestamente intentamos hacerlo con la presente compilación.

Cuando se argumenta que a veces *"se produce conocimiento para publicar"* estamos tranquilos que esta publicación no es previa a la producción sino fruto de un esfuerzo importante que hizo cada uno de nosotros al trabajar para el llamado a concurso, que queremos compartir y que pretendemos sea de utilidad para quien lo lea.

Retomando el artículo, cuando se interroga diciendo: *"Entre autores que buscan sumar líneas a su currículum, otros que publican obras valiosas, pero de poca difusión, editores que aprovechan de las posibilidades de financiamiento institucional o personal, y otros, sinceramente comprometidos con la difusión del conocimiento, ¿el publish or perish conduce a un suicidio colectivo?"* Nosotros creemos que no, que estamos comprometidos con la difusión del conocimiento y adherimos *"al prestigio del que goza el libro en nuestra sociedad"* deseando su larga supervivencia.

Transcribimos entonces los textos de los concursos y los dictámenes finales de las Comisiones Asesoras encargadas de entender en los llamados a concurso.

Expresamos nuestro agradecimiento a los alumnos, cuya producción gráfica ilustra parte de nuestros textos.

CAPÍTULO I

Recorrido de la mirada.
De la lectura a la ejercitación proyectual en vivienda[1]

Patricia Barbieri

Realizar el discurso para concursar el cargo de Jefe de Trabajos Prácticos en Introducción a la Arquitectura significó reflexionar sobre la disciplina y su enseñanza. Las consideraciones oscilaron entre un "pensar" y "hacer" colectivo, propios de la cátedra para la que concursé y de la cual formo parte, y un "pensar" y "hacer" individual sobre la arquitectura y la práctica docente.

Este discurso, por lo tanto, expresa los fundamentos teóricos y prácticos que considero pertinentes en el proceso de enseñanza-aprendizaje y mi posicionamiento frente a los mismos.

---

1. Texto del Concurso Nacional por Oposición y Antecedentes realizado por la Arqta. Patricia Barbieri para cubrir un cargo de Jefe de Trabajos Prácticos de la asignatura Introducción a la Arquitectura Cátedra Arq. José Luis Bermúdez, realizado en noviembre de 2006 en la Facultad de Arquitectura, Planeamiento y Diseño de la Universidad Nacional de Rosario.

El desarrollo del tema del concurso consta de tres momentos. En la primera parte, que es introductoria, voy a referirme a la materia Introducción a la Arquitectura, básicamente al posicionamiento que identifica a la cátedra para el dictado de la materia y que indefectiblemente guía la tarea que como Jefe de Trabajos Prácticos realizo en ella. En la segunda parte o cuerpo del discurso, voy a centrarme en el tema específico: "Recorrido de la mirada. De la lectura a la ejercitación proyectual en vivienda", y en la tercera parte realizaré una reflexión a modo de síntesis sobre lo expuesto.

INTRODUCCIÓN

Introducción a la Arquitectura es materia primera, inicial, introductoria al complejo campo disciplinar de la arquitectura. Reitero, complejo campo disciplinar de la arquitectura.

Introducción a la Arquitectura es materia donde conceptualización y gráfica aparecen estrechamente relacionadas, van creciendo juntas.

Introducción a la Arquitectura es también materia donde se sitúa al ingresante como sujeto sensible. Se enfatiza el ver, siendo mi tarea como Jefe de Trabajos Prácticos la de acompañar e iniciar al ingresante en el proceso de "comenzar a ver" y "aprender a ver" arquitectura.

Ubicada dentro del Plan de Estudio de la carrera, la materia plantea los siguientes contenidos:

1. Reconocimiento formal y espacial.
2. Reconocimiento de los órdenes organizativos-distributivos.
3. Reconocimiento de la consistencia material de la arquitectura.

4. Aprendizaje de las operaciones gráficas, instrumentales a las cuestiones anteriores.
A estos contenidos la cátedra incorpora también la problemática de:
5. La obra y el sitio.

Dentro de la cátedra, todos estos contenidos aparecerán atravesados por otro contenido planteado transversalmente a los anteriores, creciente en su complejidad y permanente que es "la construcción de la mirada".

La materia Introducción a la Arquitectura, quiebra, interrumpe, da inicio a un nuevo momento en el acto de mirar en el ingresante. Presentará al objeto de estudio desde un nuevo lugar donde la ciudad y la arquitectura comenzarán a adquirir, para él, un nuevo significado.

El ingresante abordará las obras a través de la cátedra de dos maneras bien diferenciadas. La primera de ellas a través del contacto directo con la obra, instancia de aprendizaje donde la percepción juega un papel importante, y que hemos llamado "de la realidad al papel". Aquí el acento va a estar puesto en la observación la que permitirá al alumno comenzar a conocer, reconocer, analizar, interpretar, reinterpretar y experimentar una obra para comenzar a graficarla. El Jefe de Trabajos Prácticos será un interlocutor importante de la problemática nueva que se plantea el ingresante al mirar… Planteará interrogantes, dará algunas respuestas y sugerencias y acompañará al alumno en su proceso de indagación y crecimiento.

Una vez que el ingresante ha comenzado a adquirir cierto conocimiento sobre la gráfica, podrá utilizarla posteriormente en un proceso de abstracción creciente, accederá a distintas obras de las que sólo tendrá documentación gráfica, fotográfica y escrita. Accederá a éstas para reinterpretarlas y representarlas con el lenguaje gráfico que ha venido desarrollando. Este proceso lo hemos llamado "del papel al papel". Aquí el énfasis estará puesto en la "lectura" de la documentación disponible. El Jefe de Trabajos Prácticos será como un "traductor" de la documentación propuesta donde también lo guiará y lo acompañará para reconocer, interpretar, imaginar y dibujar la obra.

Estas dos formas de abordaje a la ciudad, el sitio y la obra servirán de referencia y de base necesaria para el inicio de lo que hemos denominado como trabajo final: "el juego proyectual".

En Introducción a la Arquitectura, el taller como dispositivo de enseñanza y aprendizaje marca una forma de trabajo a la que el ingresante debe acceder. No es práctica previa, es práctica constitutiva del campo disciplinar al que ingresa, y donde el Jefe de Trabajos Prácticos oficiando como referente para su grupo de alumnos, debe favorecer las expectativas para el diálogo.

En ocasiones el espacio físico del taller se expande. Es cuando la actividad se traslada a un fragmento de la ciudad para ser relevado, a la inmediatez de una obra de arquitectura para ser registrada, al Nodo Informático o a la Biblioteca de nuestra Facultad en busca de datos. Hay un mundo disponible para acercarse a la arquitectura aunque en absoluto tan accesible como pudiera parecer. El ingresante debe aprender a ver para registrarlo y también debe aprender a dibujar para graficarlo.

Para la cátedra el dibujo está siempre en construcción porque la mirada está siempre en proceso de construcción también.

Es en esta instancia de aprendizaje que transcurre entre ver, conceptualizar y dibujar, que los diversos tipos de gráficas y maquetas que se producen en la cátedra pasan a constituir una "huella o registro de la mirada" que se va buscando en el ingresante.

Más allá del ver, del conceptualizar y del dibujar, más allá del capital cultural que cada alumno trae al ingresar, Introducción a la Arquitectura marca, señala, pone sobre aviso al ingresante que trabajar con la arquitectura implicará trabajar al máximo con el intelecto y la sensibilidad.

RECORRIDO DE LA MIRADA. DE LA LECTURA A LA EJERCITACIÓN PROYECTUAL EN VIVIENDA

El tema del concurso se instala en los dos últimos trayectos o momentos del programa de la cátedra.

Hay un primer momento, a modo de seminario, que está marcado por la intención de instalar y comenzar a precisar al objeto de estudio: la arquitectura, también a quien la realiza, el arquitecto.

En segundo lugar aparece la escala del espacio público, en este caso el CUR (Centro Universitario Rosario) donde se enfatiza, como ya hemos mencionado la observación.

En tercer lugar accedemos a la problemática de la vivienda, lo hacemos a través de la lectura de documentación y finalmente cerramos con el "Juego Proyectual".

Para introducir al alumno en la problemática de la vivienda partimos de la Casa Farnsworth como referente, nos centramos en ella y desde allí comenzamos a establecer algunas relaciones con la Casa del Puente, para posteriormente pasar a la práctica proyectual que el alumno realizará sobre su propia casa.

Me parece importante que el alumno pueda comenzar a reflexionar sobre la idea de refugio que implica una vivienda, fundamentalmente porque es uno de los conceptos primordiales sobre los que va a trabajar cuando aborde el tema del "Juego Proyectual". Por lo tanto es necesario marcar en este caso que todo espacio habitado lleva siempre implícita la idea de refugio. En este sentido podemos decir que la casa sería un tipo de espacio que potencia esa idea ya que la casa protege, alberga e incluso es siempre sinónimo de interioridad.

A partir de la conceptualización de la casa como límite, protección y cobijo es posible comenzar a analizarla en sus aspectos materiales y simbólicos.

El tema de la vivienda será representado por el alumno mediante producción gráfica y también con la construcción de maquetas de estudio. En este momento hemos llegado al segundo cuatrimestre. Los alumnos tienen ya en mayor o menor grado una cierta experiencia con el dibujo.

Una primera lectura que nos interesa realizar de la obra es su relación con el sitio. Éste se señala dentro de la cátedra con suficiente fuerza, contundencia y claridad, ya que los contextos explican, dotan de sentido, y hasta agregan una nueva dimensión para analizar una obra.

Entonces, la problemática del sitio que ya fuera iniciada con el tema del espacio público a través de la observación directa, aparece ahora con complejidad mayor, porque al sitio hay que imaginarlo, hay que imaginar un sitio y una obra allí instalada... Pero, ¿cómo imaginar? ¿Es posible rescatar vivencias, representaciones e imágenes en los alumnos sobre una situación desconocida? Más allá de las experiencias previas de cada alumno están los referentes que podemos acercarles. Aquí comienza el abordaje de la obra del "papel al papel".

Comenzar a describir, ayuda al alumno a visualizar y a conceptualizar. Por ejemplo, cuando describimos un sitio a un alumno y decimos: "la *casa Farnsworth* está situada en la superficie plana de una pradera entre grandes árboles; hacia uno de sus lados el río Fox marca un límite fuerte y en este contexto la obra aparece aislada, solitaria y es percibida íntegramente, en su totalidad al recortarse contra el paisaje." Estamos señalando, remarcando algunos aspectos que nos parecen necesarios visualizar.

Ahora estamos situando nuevamente al alumno en una franja de borde, ya que antes ha trabajado la franja de borde del Centro Universitario de Rosario (CUR). Entre ambas se produce una confrontación de escalas: la territorial, la del lugar, la de la obra y la del río. Cada una aporta su lógica propia para configurar un paisaje singular y único. Aquí el alumno comienza a esquematizar, a bocetar la obra en ese entorno, retoma conceptos que ya conoce y un tipo de gráfica que ya ha venido realizando.

Instalada la problemática de la escala, otro aspecto importante que el sitio aporta al alumno es la variación del paisaje por el clima. Esta obra está emplazada en un sitio donde las variaciones climáticas son extremas y por lo tanto influyen de sobremanera en ella. Cuando el río desborda, la plataforma inferior de la casa oficia de muelle para posibilitar el acceso a la vivienda. Esta situación lleva al alumno a pensar sobre aspectos referidos a cómo y por qué la obra se instala en el terreno de esa manera, a aspectos significativos de su materialidad. Por ejemplo: ¿por qué el uso del vidrio?, o en todo caso: ¿por qué un muro perimetral de vidrio en ese contexto? Y además: ¿por qué aparece en una obra pensada como vivienda, en donde la idea de privacidad y cobijo son requerimientos importantes?

En este sentido creo que la elección de esta obra es muy adecuada para introducir a un alumno de primer año en la problemática de la vivienda porque es una obra que plantea interrogantes. No es un tipo de obra puramente funcional. Plantea múltiples aspectos en que pensar.

Desde el posicionamiento de la cátedra, en el transcurso durante el cual se va dibujando una obra de arquitectura, a medida que sus formas específicas van surgiendo sobre el papel, también es posible, necesario e importante comenzar a reconocer, pensar, percibir y sentir las intenciones que la configuraron de esa manera única.

Comenzar a confrontar permite al alumno encontrar diferencias y similitudes. El sitio en que está emplazada la *Casa Farnsworth*, como se dijo antes, es de naturaleza hostil. La casa se encuentra suspendida, elevada del piso por la presencia del agua. Confrontándola con la *Casa del Puente*, vemos que el emplazamiento de ésta corresponde a un lugar más acotado. Si bien es un lote amplio, sus límites están claramente definidos, atravesado por un pequeño curso de agua sobre el cual la casa se presenta a modo de puente uniendo ambos bordes. El sitio, a diferencia del que mencionamos con anterioridad, no se muestra expuesto a los avatares de una naturaleza tan hostil.

Se puede entonces acercar al alumno un nuevo interrogante: ¿por qué la presencia del puente? Si bien el proyectista manifestó su intención de unir dos lotes topográficamente separados por un curso de agua, podemos enunciar otra pregunta: ¿por qué elige Amancio Williams precisamente un puente?; ¿habrá sido su conocimiento sobre la ingeniería?; ¿serían los puentes de Maillart que oficiaban de referentes en ese momento histórico? Y también: ¿cómo es la estructura de un puente?; ¿cómo se sostiene esta casa?...

Aparece ahora la maqueta, que juega un papel importante para el alumno. Lo obliga a considerar aspectos estructurales y de ordenamiento material en su ejecución, que lo ayuda a entender como se sostienen las distintas partes de una obra trasladando a la gráfica lo que logró visualizar y comprender.

Al mismo tiempo y de esta misma manera se fueron estudiando y representando muchos otros aspectos significativos de las viviendas mencionadas: distribución de cargas, accesos, escaleras, antepechos, superficies vidriadas, aspectos constructivos, luz, visuales cercanas y lejanas…

Esquemas, bocetos, planimetrías, axonometrías y maquetas se fueron desarrollando en forma creciente.

La mirada… La construcción de la mirada. En estos trabajos de desarrollo lento y permanente, buscamos que la complejidad de la arquitectura interpele al alumno, que lo desequilibre y que le exija mirar desde un lugar nuevo.

Finalizado ya el trabajo práctico sobre estas viviendas, el alumno se introduce en lo que denominamos el "Juego Proyectual". Es el último trabajo del año que se presenta como un ejercicio muy pautado y acotado.

En el ejemplo que voy a considerar ahora se plantea realizar un análisis y una propuesta sencilla de modificación de algún aspecto de la casa del alumno. En la elección de este tema, se consideró la relación emocional que podía existir entre el estudiante de arquitectura y su propia casa, para poder proponer la modificación o transformación de alguna situación que le resultase de interés personal.

En este ejercicio de proyecto, el acento estaría puesto en las transformaciones posibles de la vivienda que tuviesen que ver con la iluminación, los muros, las aberturas y la relación interior-exterior.

En el ejemplo que vamos a considerar, la vivienda del alumno está ubicada en barrio Acindar de la ciudad de Rosario. Es una vivienda que da a la calle, que tiene la particularidad de no estar entre medianeras ya que una calle peatonal pasa por uno de sus lados y conduce al centro de manzana.

El alumno manifiesta percibir su casa desequilibrada volumétricamente por las intervenciones que se le habían realizado previamente.

La percepción que el alumno tiene del problema, lo lleva a una búsqueda que parte más del análisis del volumen que de la planta. Esta consideración para un trabajo de primer año es importante, porque en general el ingresante tiende a quedarse en la bidimensión del plano porque le cuesta pensar al espacio de manera tridimensional.

La búsqueda del alumno fue continua. Realizó esquemas, croquis y bocetos con un dibujo blando, personal, que le permitió hacer y rehacer para indagar la idea. Incluso cuando va ajustando y precisando el dibujo conserva una impronta que sigue siendo personal. Aparece el referente de la pintura, en este caso una obra de Dalí, que lo encauza en su búsqueda y a partir de allí va adquiriendo una organización espacial más definida. Poco a poco y a partir de recrear el horcón que aparece en el cuadro, logra colocar su casa en una situación de equilibrio que resulta para él más placentera. Descubre una nueva situación espacial e intenta materializar un espacio más luminoso y hasta llega posteriormente a cambiar la materialidad.

El alumno busca intuitivamente una manera para encauzar su proyecto. Recurre a un argumento analógico, que muchos arquitectos utilizan también para explicar sus proyectos.

Aquí la tarea del Jefe de Trabajos Prácticos, dada la impronta de la cátedra, está centrada en acompañar y facilitar la aparición de la propuesta de cada alumno como así también en realizar la evaluación progresiva de esa propuesta.

REFLEXIÓN FINAL

Cerrar esta exposición fue objeto de muchas dudas. En primer lugar preferí no efectuar citas de quienes seguramente en pocas palabras sintetizarían en forma precisa los aspectos más importantes de la exposición.

Por lo tanto no mencioné en mi discurso a muchos referentes que si bien no son citados textualmente subyacen en mi exposición.

Helio Piñón con sus menciones a Fiedler sobre el registro de la mirada y el dibujo formativo, Le Corbusier con la fuerza y sensibilidad de su obra y de su gráfica, John Berger con sus planteos sobre la mirada, Tanizaki con sus reflexiones sobre la luz y la sombra en la obra de arquitectura, Donald Schön con su "reflexión en la acción" que caracteriza a la enseñanza de la arquitectura, Francis Ching que es referencia cotidiana entre mis alumnos, Tadao Ando quien produce textos y reflexiones tan profundos como sus obras… No son todos, son sólo algunos de los que podría citar.

En este recorrido por la arquitectura, todos ellos enriquecen y construyen mi mirada. Por lo tanto comienzan a construir la de mis alumnos también.

Dictamen

Dictamen final de la Comisión Asesora encargada de entender en el llamado a concurso dispuesto para cubrir cargo de Jefe de Trabajos Prácticos en el Área Teoría y Técnica del Proyecto Arquitectónico, asignatura Introducción a la Arquitectura.

OPOSICIÓN/EXPOSICIÓN

Desarrolla una exposición clara, ordenada, acorde al tema y completa.

Con un alto nivel de enfoque didáctico plantea en primer lugar la estructura de exposición de la temática de concurso haciéndolo a partir de tres aspectos: La materia Introducción a la Arquitectura, posicionamiento de la cátedra: "construcción de la mirada" y las tareas de Jefe de Trabajos Prácticos, lo que pone en evidencia una forma clara y pautada de exponer un proceso.

Prosigue con la problemática de la vivienda y la representación en arquitectura.

La maqueta como ayuda a la problemática de la mirada, destaca situaciones significativas de las viviendas en cuestión, en relación al sitio, a la naturaleza, los cambios y su incidencia en el piso sostén de la obra.

Plantea "cuestionamientos" sobre la base ingenieril en la casa del puente y su relación con formas estructurales pertenecientes a ese momento histórico (Maillart).

En la obra casa del alumno referencia el uso de analogías en la producción de la forma, desde varios carriles (Calatrava).

Por el tiempo asignado a la exposición y la imposibilidad de extenderse en citas, menciona algunos autores que son base de su cuerpo teórico.

CAPÍTULO II

De la lectura a la ejercitación proyectual en viviendas[2]

Javier Povrzenic

La cátedra en tanto a equipo docente, se caracteriza por asumir la coherencia de un *cuerpo teórico* construido y compartido como referente común, en todos los niveles de acción y a todos sus integrantes.

Enmarcados por los contenidos del plan de estudio, para *Introducción a la Arquitectura*, que son:

- Reconocimiento *formal* y *espacial.*
- Reconocimiento de aspectos organizativos.
- Reconocimiento de la *consistencia material* de la arquitectura.
- *Obra/contexto*, (énfasis en la cátedra).

---

2. Texto del Concurso Nacional por Oposición y Antecedentes realizado por el Arq. Javier Povrzenic para cubrir un cargo de Jefe de Trabajos Prácticos de la asignatura Introducción a la Arquitectura Cátedra Arq. José Luis Bermúdez, realizado en noviembre de 2006 en la Facultad de Arquitectura, Planeamiento y Diseño de la Universidad Nacional de Rosario.

- Aprendizaje de operatorias gráficas y modelizado, instrumentales a las cuestiones anteriores. (comunicación e indagación).

Para ellos, los *objetivos* a cumplir son:

- Introducir al alumno en el universo de la arquitectura, a partir de sus potencialidades *perceptuales, intelectuales y creativas.*

- Indagar en la construcción del Espacio Arquitectónico, observando la obra y su contexto urbano-arquitectónico, *construyendo su mirada.*

- *Progresar* en un Producir y Comunicar recursos de oficio, ordenados y secuenciales durante el curso.

La cátedra acentúa la *observación-percepción*, siguiendo por un campo *reflexivo*, en un proceso de conocimientos basados en la *crítica* con el alumno.

En el primer año de la carrera, los *lineamientos* con la enseñanza-aprendizaje se profundizan ciertas acentuaciones. El *ver, leer* y el *hacer* arquitectura.

El *ver* arquitectura: Observación/Percepción –de la realidad al papel–. Traducir una realidad en dibujo.

El *leer* arquitectura: Campo Reflexivo más profundo –del papel al papel–. Traducir una gráfica en otra.

El *hacer* arquitectura: Recorrido elemental propositivo. Provocar la revelación de la forma. Traducción de una propuesta.

La relación *docente alumno*, incluyendo el *taller* (donde se elabora, y se transforma algo para ser utilizado) se constituye en lugar propicio para un *proceso de enseñanza aprendizaje* concebido como formación, es decir, como producción intelectual conjunta, con el alumno (sujeto crítico).

Para ello, reconocemos un *mundo* como objeto de trabajo,

visible, donde la *arquitectura* y el *entorno* se vinculan, se relacionan. Propiciamos la *construcción de la mirada*, reconociendo la *organización del espacio construido* por el hombre con la naturaleza.

"En realidad aprender a dibujar es una cuestión de aprender a ver, mirar correctamente, lo que significa mucho más que ver simplemente con los ojos. Es esa clase de visión que utiliza de los cinco sentidos, cuanto pueda alcanzar con los ojos."

LA CONSTRUCCIÓN DE LA MIRADA

Mirar/observar: reconocer en el objeto *estructuras* recónditas de naturaleza *formal* y *plástica*, a través de la acción subjetiva. Con intención, propósito, examinar atentamente.

Interpretar el espacio urbano arquitectónico implica un *proceso de conocimiento, sistematizado*, de comprender el espacio, de abarcarlo para entenderlo, estudiarlo detenidamente como paso necesario para conocerlo y poder representarlo.

Nos dice Fiedler... "La diferencia entre quien sabe ver y el que no sabe, no se cifra en aquel que ve algo más, sino en que *ve* algo completamente distinto."

Así disponemos de objetos relacionados para *re-presentarlos* a escala, con *gráficas*; *modelizarlos* con el recurso de la maqueta; e *indagarlos* en libros, planos, medios digitales, etc.

Re-presentar es volver a presentar de nuevo algo, conocer de nuevo, conocer de otro modo. *Figura, Forma o Idea* que reemplaza a la realidad.

Introducción es un acceso, acercarse, entrada, paso; para saber *observar* –captar la realidad, lo esencial de lo inmediato (proporciones, relaciones, vinculaciones, organizaciones, formas, materiales, etc); para saber *comprender*– estableciendo una *imagen mental*, que contenga la idea generadora (tener una idea racional con el objeto)

–y saber *expresarse* con la representación con personalidad– *carácter* operando lenguajes para la comunicación.

Recordemos el tema: de la lectura a la ejercitación proyectual en viviendas.

Los alumnos han transitado la primera unidad donde conocieron y re-presentaron un edificio público en la ciudad. Facultad de Arquitectura y el Centro Universitario de Rosario (CUR). Aspectos que indagaron de la realidad al papel.

Capacidad de ver; de manera intuitiva el fragmento urbano.

Capacidad de organizar en su mirada, en su pensar un recorrido gráfico.

Capacidad de observar y reconstruir, un relevamiento, dibujos con precisión con diferentes escalas de aproximación y modelizado de una maqueta de un fragmento del edificio.

Hasta aquí se vio, pensó y representó una realidad, una obra de escala, que podía palpar, sentir con los sentidos, observarla a distintas horas y recorrerla en su forma, organización y tocar el material en que está construida.

En el proceso de la enseñanza aprendizaje, la segunda mirada es más reflexiva, de imaginación, imaginación de algunos sentidos (tocar, oír…).

La lectura de las obras de arquitectura en este transitar nos pone a indagar, sobre viviendas. *Casa Farnsworth*, Arq. Mies van der Rohe, 1952, Illinois, Estados Unidos. *Casa del Puente*, Arq. Amancio Williams, 1947, Mar del Plata, Argentina.

El alumno tiene un acercamiento de bibliografía: provista por la cátedra, busca en biblioteca, internet o intercambia material e información, producto del trabajo en taller.

Ese acercamiento también se produce con el arquitecto proyectista constructor, con las tecnologías del momento, con la ubicación geográfica de las obras.

Otro acercamiento se realiza con bocetos a mano alzada, entendiendo aspectos de la obra y su entorno, su forma; en un recorrido exterior e interior.

Estos acercamientos son *recorridos* para el entendimiento y el conocimiento.

Los primeros esquicios son para la interpretación rápida de la espacialidad. Para luego ir incorporando la técnica del croquis, (líneas de horizonte, fugas, posición del observador), perfilando la forma con proporciones, relaciones, orientación de la mirada *qué ve* y *cómo lo ve*.

El juego de luces y sombras, de la obra y el paisaje, personalizando la gráfica, utilizando el grafito, el color, técnicas de dibujo variadas, etc.

Aspectos como el sostén de la obra, el terreno donde se apoya y se materializa la forma arquitectónica son mensurables, se reconoce y lee una tecnología constructiva.

Se reflexiona con el alumno, sobre el suelo, la envolvente, la forma organizativa espacial y las dimensiones de las viviendas.

Construye una gráfica, pensando en la diagramación sobre el soporte papel –fondo-figura– y el pasaje de escala.

No trasfiere datos, sino que estructura una gráfica, de lo general a lo particular, con la planta y los alzados, ubica, pone en correspondencia, utiliza líneas auxiliares para la construcción del dibujo.

Dispone del objeto. Lee, piensa, reflexiona, articula y expresa espacios.

De esta reelaboración el alumno *procesa* un conocimiento sensible y no mecánico, expresando una gráfica conceptual.

La maqueta como estudio de la espacialidad, como totalidad obra entorno, reconoce articulaciones tridimensionales de la forma y la estructura, posibilita entender encuentros de elementos y materiales, de estudio de la luz (penumbra-sombra), del fragmento y el detalle.

Indagación con fotos cercanas para observar espacios interiores.

Fotomontaje, insertar en la imagen del paisaje la foto de la maqueta con programas digitales. Habilidad de relacionar un objeto con un fondo. Escala de paisaje y maqueta.

Como síntesis se las compara a la misma escala cada alumno indaga aspectos como sostén, forma, estructura, etc.

Operatorias de conocimiento de las viviendas emblemáticas, no para que las tomen como referentes, sino para motivarlo en un *hacer* arquitectura.

Provocar al alumno para que verifique y que indague su realidad en la que habita a diario, su casa y el entorno.

Búsqueda de información. Inserción del lote en la manzana, la fachada urbana, aspecto morfológico, orientaciones, organización de su vivienda.

Relevamiento a mano alzada de datos, sensaciones que ahora vuelven a ser palpables, verificadas con todos los sentidos, con la realidad y el vivir.

Observar una cosa significa llevarla al conocimiento. Ajuste en planimetría (planta, alzados) en escala gráfica, de lo relevado.

En la ejercitación proyectual, con incertidumbres y certezas, el alumno va transformando las formas y con ello, su manera de hacer y habitar espacios probables. En este caso, indaga composiciones volumétricas, reconoce desproporciones en la fachada, una organización laberíntica de su vivienda y falta de poder ver con amplitud hacia adentro y hacia afuera, el entorno inmediato.

¿Será un agregar o un cambiar?

Utiliza referentes variados para tener un apoyo: un muelle,

un puente reticulado, hasta una obra del pintor Dalí. Toma partes, no los imita, no los copia.

Indaga la idea con bocetos, a mano alzada, ligeros. De exterior, de interior, con relaciones, busca formas dinámicas de organización y estructura espacial.

Se lo estimula a materializar la idea con la maqueta de estudio, para organizar la demanda de la construcción espacial.

Por medio de croquis más elaborados, apoyados en la visión de la maqueta, experimenta un recorrido espacial y morfológico.

Se produce una primera aproximación planimétrica (planta y alzados) que contemple, espesores de muros (de carga, tabiques), aberturas, (dimensiones, luces), donde y como apoya, cotas, anotaciones, niveles.

Reelabora proyecciones ortogonales a escala, con precisión formal y constructiva. Se verifica la forma, la organización espacial y estructural.

A veces en primer año no se alcanza a traducir toda la ejercitación proyectual con la gráfica, es un recorrido propositivo.

Decisión de *comunicar*, de *sintetizar* una propuesta, de la totalidad al fragmento, al detalle, la expresión de su idea.

Para concluir, repito que *Introducción* es un acceso, acercarse, entrada, paso; para saber *observar* –captar la *realidad*, lo esencial, de lo inmediato (proporciones, relaciones, vinculaciones, organizaciones, formas, materiales, etc.)–; para saber *comprender* –estableciendo una *imagen mental*, sensitiva, (utilizando todos los *sentidos*) que contenga la idea generadora (tener una idea racional con el objeto)– y saber *expresarse* con la representación con personalidad y *carácter* operando lenguajes para la comunicación.

Dictamen

Dictamen final de la Comisión Asesora encargada de entender en el llamado a concurso dispuesto para cubrir tres cargos de Jefe de Trabajos Prácticos en el Área Teoría y Técnica del Proyecto Arquitectónico, asignatura Introducción a la Arquitectura.

OPOSICIÓN/EXPOSICIÓN

Desarrolla una exposición clara, ordenada, acorde al tema y completa.

Posiciona la materia dentro del plan de estudio y destaca que Introducción a la Arquitectura es acceso, entrada, acercamiento. Y en relación con ella plantea las tres situaciones de abordaje: ver, leer, hacer. Plantea que la temática objeto de concurso está ubicada en el desarrollo del curso con posterioridad a experiencias del alumno en el edificio público (Facultad de Arquitectura) y al edificio en cuanto a su inserción en un sitio, escala y problemáticas de representación gráfica.

A través de las dos obras que fueron trabajadas considera importante la búsqueda bibliográfica y otros medios, aun digitales (considerando el nivel del educando) en la obtención de información para proceder a su reelaboración, y destaca la "producción" de la maqueta como posibilitante del estudio de la espacialidad y de cuestiones de estructuras y materialidad.

En el planteo de casa del propio alumno destaca el entrecruzamiento de "miradas" desde la imaginación a la realidad o viceversa y la utilización de referentes de otros campos artísticos.

CAPÍTULO III

La primera experiencia proyectual[3]

Cristina Gómez

Me parece importante aclarar que debido a mi larga participación como miembro de la cátedra muchos de los planteos que realizo los hago en plural, debido a que la tarea que desarrollo está en permanente relación e intercambio con el Titular y con los docentes. Por lo tanto quiero significar que mi participación individual se ve teñida por los acuerdos a los que llegamos entre los miembros del equipo docente, y debe ser interpretada como etapa vivida.

Considero pertinente iniciar la fundamentación de mi propuesta relacionando los contenidos que el Plan de Estudio 1997

---

3. Texto del Concurso Nacional por Oposición y Antecedentes realizado por la Arqta. Cristina Gómez para cubrir cargo de Profesor Adjunto de la asignatura Introducción a la Arquitectura Cátedra Arq. José Luis Bermúdez, realizado en junio de 2003 en la Facultad de Arquitectura, Planeamiento y Diseño de la Universidad Nacional de Rosario. Tema: Cómo presentaría Unidad Didáctica 2, Alternativa 2, atendiendo especialmente al hecho que es la primera experiencia proyectual del alumno.

plantea para la materia Introducción a la Arquitectura con los contenidos que desarrollamos en la cátedra.

El primero explicita cuatro contenidos básicos para la materia:

1. Reconocimiento formal y espacial.
2. Reconocimiento de los órdenes organizativos-distributivos.
3. Reconocimiento de la consistencia material de la arquitectura.
4. Aprendizaje de las operaciones gráficas, instrumentales a las cuestiones anteriores.

Los tres primeros hacen referencia a la obra de arquitectura o lenguaje arquitectónico y el último de ellos hace referencia al dibujo o lenguaje gráfico.

En el trabajo de la cátedra entendemos a la arquitectura en relación a su contexto, destacando siempre, la relación obra-sitio.

"Fundar un lugar, arquitecturizar la tierra, encontrar sentido de pertenencia, construir un lugar". Sostenemos que instalar la obra en un sitio significa entender la relación edificio-entorno, esto ha sido siempre nuestra preocupación y constituye parte de nuestro andamiaje formativo: la construcción de relación entre la tierra y la arquitectura.

Es decir, estos aspectos mencionados, la obra en sí misma y la obra en su contexto constituyen nuestro modo de entender la arquitectura.

En los últimos años nos ha parecido importante incluir en el programa una introducción a la práctica de proyecto a través de un ejercicio corto y muy pautado. Entendemos que es un modo de introducir al alumno en el primer escalón de las materias proyectuales. Esta práctica nos ha permitido iniciar las primeras reflexiones sobre el proceso de diseño, guiando al alumno a través de una serie de pasos que van desde la problemática del ver y del reconocer, comprender una realidad, organizar los datos recabados, hasta dar respuesta a una demanda concreta, donde siempre está presente la problemática de la representación gráfica.

Más adelante realizaré una referencia más explícita al ejercicio de propuesta de una vivienda mínima.

Se me ha preguntado cómo puede un alumno de primer año "proyectar" una vivienda. Me parece fundamental aclarar que se trata en realidad de una estrategia pedagógica que llamamos "juego proyectual". De eso se trata pues, de trabajar siguiendo pasos muy pautados, respondiendo a consignas mínimas, trabajando con referentes sencillos. Es decir, no se trata de lo que los arquitectos entendemos como realizar un proyecto, es una aproximación a la tarea del arquitecto.

En cuanto a la gráfica, entendemos, y así lo planteamos en cada trabajo práctico, está siempre ligada a lo conceptual. Es por esto que cada reconocimiento del espacio implica la realización de una tarea gráfica. Así, en el inicio de cada tema, el modo de elaboración gráfica se corresponde con la etapa más intuitiva de reconocimiento del espacio, por lo tanto, su representación se realiza a través de bocetos, croquis, esquicios. Y allí el alumno opera a mano alzada, es una tarea de búsqueda, de reflexión, que se irá profundizando con el tiempo. En una etapa más avanzada, se desarrollan otras habilidades gráficas, se trabaja con el dibujo ortogonal, con la axonometría, en una tarea de mayor precisión.

Hacemos hincapié en lo que hemos llamado "la construcción de la mirada", es decir, un modo de aprender a observar la realidad y construir, con los datos obtenidos de ella, conceptos pertinentes a la disciplina, herramientas de trabajo futuro.

Al decir de Helio Piñón, refiriéndose a un escrito de Fiedler, *"la diferencia entre quien sabe ver y el que no sabe no se cifra en que aquel es capaz de ver algo más, sino en que ve algo completamente distinto"*.

En el transcurso de los años la cátedra ha abordado temas recurrentes, desde el ámbito de lo público a la vivienda. Como ejemplos a trabajar se toman obras de arquitectura, las que son seleccionadas por sus características y cualidades, de acuerdo a los contenidos planteados en el programa de cátedra y a las temáticas que se van a abordar. También al seleccionar los diversos ejemplos con los que vamos a trabajar hemos tenido en cuenta al sujeto educativo, que en nuestro caso es el alumno de primer año.

Recurrimos a dos modalidades diferentes para el abordaje del espacio arquitectónico: "De la realidad al papel" y "del papel al papel". El primer modo, basado en la percepción y en la experiencia directa, es el que llamamos "De la realidad al papel". En él, a través de la observación y el entrenamiento en la percepción, lo que denominamos, la construcción de la mirada, el alumno accede al reconocimiento del espacio en forma personal, directa.

Entra en juego la percepción pero también la capacidad del cuerpo para interpretar el entorno con datos distintos a los aportados por la vista, como son lo sonoro, lo táctil, es el espacio de las experiencias.

El otro modo de abordaje, lo realizamos a través de la interpretación de planos o documentación gráfica, material de libros, revistas, con el apoyo de Internet o con medios audiovisuales, es lo que llamamos "Del papel al papel". Cada modo de abordaje implica una posibilidad de aprendizaje diferente.

En el curso 2001, todo lo planteado anteriormente se elaboró considerando dos temas principales, ambos referidos al espacio público. Estos temas se trabajaron elaborando temáticas que van desde el espacio entendido como totalidad, al fragmento, a la relación entre exterior e interior.

A modo de ejemplo de la modalidad operativa de la cátedra, he seleccionado estos dos temas mencionados por considerarlos los más significativos.

1. Centro Universitario de Rosario (C.U.R.).
2. Peatonal Córdoba (sector comprendido entre calles Corrientes y Paraguay).

En nuestra tarea docente entendemos al alumno como un sujeto activo y participativo, por ello nuestros objetivos de aprendizaje apuntan más a la comprensión de un proceso de trabajo realizado, con aciertos y desaciertos antes que a evaluar solamente resultados o logros obtenidos. Donald Schön, en su libro "La formación de profesionales reflexivos", llama a esto "reflexión en la acción", es decir, el pensar en lo que se hace mientras se está haciendo.

1. CENTRO UNIVERSITARIO DE ROSARIO (C.U.R.)

Este trabajo, como ya he mencionado anteriormente, corresponde al modo de abordaje que llamamos "De la realidad al papel". Se trata del ámbito donde se ubica el edificio de nuestra Facultad de Arquitectura.

Nos interesa tomar este tema pues es el ámbito que recorremos cada día, un lugar al que todos, alumnos y docentes, tenemos acceso, por lo tanto el alumno tiene la posibilidad de verificación cuando trabaja en el taller y debe acercarse nuevamente a la obra.

El inicio del proceso de acercamiento a una obra siempre está apuntalado con apoyo teórico.

a. El C.U.R. como totalidad

El trabajo del C.U.R. se concentró en el área de la plaza, que constituye el ámbito de acceso a las facultades de Arquitectura, Ciencia Política y el Instituto de Mecánica Aplicada y Estructuras (I.M.A.E). Como expliqué anteriormente, en Introducción a la Arquitectura no partimos de la obra como hecho aislado, la trabajamos como conjunto, instalada en su contexto, por ello, no dejamos de lado reflexionar sobre la relación entre la ciudad y el C.U.R.

Reflexionamos sobre el modo en que la ciudad se encuentra con este predio, sobre cómo la cuadrícula se interrumpe al encontrarse con el lote del C.U.R. e intentamos también encontrar una lógica interna, dentro del ámbito del Centro Universitario, de ubicación de calles y edificios.

Tomamos el área de Arquitectura como "totalidad", junto a los edificios de Ciencia Política e I.M.A.E., planteando para este trabajo los siguientes objetivos:

- Reconocer e interpretar el modo de organización del espacio seleccionado: forma, proporciones, emplazamiento de los edificios, límites, etc.
- Comenzar a graficar el espacio arquitectónico a través de bosquejos, esquicios, croquis.

Abordamos el tema comenzando con una clase o introducción por parte del equipo docente, a partir de estas reflexiones comenzamos con la observación del espacio del C.U.R., la toma de datos y el volcado de información sobre un esquema planimétrico en planta y con alzados en correspondencia, utilizando sólo la línea. Solicitamos la construcción de un dibujo basado en la forma, las proporciones, la construcción de la forma basándose en la geometría.

La tarea de relevamiento se elabora utilizando la medida antropométrica primero y la medida modular después, es un primer intento de reconocimiento del espacio.

Nos interesa un procesamiento ágil, que contenga cierto tipo y cantidad de información, basada en una observación rigurosa, sustentada por la elaboración mental y gráfica. El docente opera como guía en el proceso de reconocimiento y toma de datos, sobre el modo en que debería volcarse la información al papel para que el alumno pueda acercarse a los objetivos planteados.

b. El edificio de la Facultad de Arquitectura tomado como fragmento

En esta segunda instancia pasamos de la exterioridad a la interioridad del edificio de Arquitectura. Seleccionamos un fragmento del edificio, un área en planta baja que incluyó hall de ingreso y pasillos o circulaciones hasta aulas y talleres.

Este ejercicio fue planteado como continuación del proceso de observación, reconocimiento, análisis y comprensión del espacio arquitectónico.

Como objetivos se planteó:

- Indagar las características formales de los espacios interiores, organización y distribución de sus locales, materialidad y sistema constructivo del fragmento elegido.
- Intentar caracterizar los diferentes ámbitos, talleres, aulas teóricas, etc.
- Elaborar una producción gráfica utilizando esquemas en planta y alzados, croquis, esquemas, bocetos.

Al igual que en el trabajo anterior se decidió continuar con la modalidad de la producción de dibujos a mano alzada, un dibujo

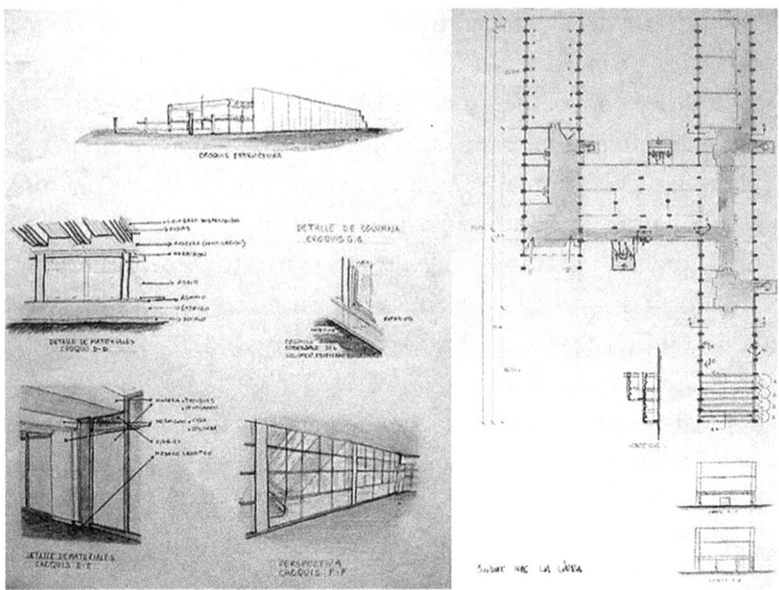

Partes del edificio de la Facultad de Arquitectura de Rosario. Gráficas realizadas por alumnos de Introducción a la Arquitectura.

rápido, un dibujo de reflexión, en el cual se vuelquen datos de los materiales, dimensiones, etc.

Pensar, dibujar, expresar, comunicar, representar, re-presentar, la gráfica aporta a todas las capacidades cognitivas del alumno.

c. Trabajo de propuesta sobre un sector del edificio de la Facultad de Arquitectura

Entendemos que la inclusión de este ejercicio como un modo más de reflexión acerca del espacio construido y como forma de acercamiento al trabajo proyectual.

Aquí, con este tipo de ejercitación, abordamos una tarea muy pautada. Como respuesta a la pregunta inicial motivo de este concurso, cómo entiende el alumno de primer año la tarea proyectual, respondo, es una introducción, un ejercicio elemental, no es un ejercicio imaginativo ni creativo total, es una primera aproximación a una tarea, un seguir algunos pasos, tener en cuenta algunos datos, seguir alguna referencia aportada por la cátedra o por él mismo.

Fue planteado, insisto, con pasos a seguir muy pautados, procurando varios niveles de reflexión.

Objetivos:

- Iniciar al alumno en las primeras reflexiones sobre el proceso de diseño.
- Iniciar en los sistemas gráficos reglados.

El alumno debía tener en cuenta por un lado la problemática de la normativa, muy estricta en cuanto a pendientes, longitud de tramos, descansos, anchos de las rampas, etc.

Por otro lado, le solicitamos a modo de referentes construidos, observar y analizar rampas de la ciudad. Utilizar como datos estructuras, dimensiones, ubicación respecto al ingreso del edificio, etc.

Finalmente, indagar la relación entre lo anteriormente planteado y el edificio de la facultad, el cual tiene, niveles de entrepisos, halles posibles de acceso, modulación de sus muros de fachadas. El trabajo significó encontrar un modo conciliación entre lo existente y lo agregado.

La tarea gráfica consistió en: inicio en el dibujo en geometrales con instrumentos, se realizó documentación en escala gráfica. El corte se constituyó, y se constituye generalmente en nuestra práctica, en una herramienta importante para el análisis y resolución de problemáticas como, en este caso, separación mínima necesaria entre rampa y edificio, ajuste de niveles de entrepisos con descansos de la rampa, resolución material y estructural de la rampa.

Entender la maqueta y la axonometría como construcciones espaciales nos permite interpretar la tridimensión del espacio y representarlo por medio de una sola gráfica.

d. Articulación de espacios

Con este nombre iniciamos una tarea de reconocimiento de la relación entre el espacio exterior y la interioridad del edificio.

Tomamos como base el relevamiento de espacios interiores, el reconocimiento material de la obra, en cuanto a uso de los materiales como en cuanto a estructura de sostén.

Los objetivos del trabajo fueron:

- Instalar la problemática de pensar que características posee el espacio en un recorrido desde el exterior del edificio al interior de los locales, pasando por espacios de recepción, pasillos de distribución, etc.
- Volcar datos en el dibujo, ya sea a través de tratamientos como así también con la inclusión de leyendas y referencias.

Se realizó un análisis detenido de lo que denominamos "categorías espaciales", el ingreso, la circulación por diferentes espacios, desde el exterior abierto, pasando por un espacio de transición, el ingreso al edificio, a la distribución a los distintos locales.

Solicitamos planimetrías en escala mayor, lo que instaló la necesidad de pensar sobre los datos a volcar en la escala gráfica solicitada.

Vuelvo a recalcar, toda tarea está planteada desde lo que vemos y en relación a lo que pensamos, lo que tocamos, lo que leemos, un acto cognitivo que no podemos separar de la gráfica.

2. CALLE CÓRDOBA

Este ejemplo fue seleccionado continuando con las temáticas recurrentes de la cátedra, y, respondiendo también, a un pedido de la Facultad para la realización de una publicación.

Como nos interesa el contexto se reflexionó sobre las características de la cuadrícula tradicional de ese sector, las características de sus calles y veredas, sus límites. Nuevamente el sitio, la ciudad, la arquitectura construyendo ciudad.

El tramo comprendido entre las calles Corrientes y Paraguay, constituye un tramo identificable de la peatonal, con dos "puertas" de acceso, sobre calle Paraguay, se ubica Plaza Pringles, y el sector de los edificios nuevos, lo que nosotros denominamos como el sector de los "balcones".

Sobre calle Corrientes se encuentran cuatro edificios representativos de la ciudad, entre ellos la Bolsa de Comercio de Rosario. Es el sector de las permanencias, que en ese momento denominamos, el sector de las "molduras". Dos escalones, uno en cada esquina, separan este tramo de peatonal del resto de la misma.

Consideramos, que este sector peatonal, constituye lo que Jean Nouvel denomina como "los objetos singulares", ya que se identifica como un tramo con características propias dentro de la calle.

Como vemos, Introducción a la Arquitectura, es una introducción al campo disciplinar y por ello su contenido es tan vasto, ver, mirar, comprender, relacionar, dibujar, proyectar.

a. El sector de la calle Córdoba como totalidad

El abordaje de este tramo de calle se tomó, como una totalidad, abordando de él sus características formales, sus componentes materiales, pisos, muros limitantes, ingresos al sector. De él

Croquis de calle Córdoba de Rosario, realizados por alumnos de Introducción a la Arquitectura.

nos interesó no sólo lo construido sino también las vivencias, lo social, lo cultural.

Croquis de calle Córdoba de Rosario, realizados por alumnos de Introducción a la Arquitectura.

Los objetivos planteados para este práctico fueron:

- Comprender una realidad arquitectónica en la realidad construida de Rosario.
- Croquizar el espacio tratando de captar los "rastros del lugar".

Para graficar lo vivencial y el carácter del sector recurrimos al croquis, solicitamos que el dibujo incluyera luces y sombras, texturas, vegetación y la presencia de la gente.

Pero también se relevó el sector, piso y fachadas en correspondencia, planimetrías de la totalidad a mano alzada, los ortogonales aportando a la construcción, reconocimiento y comprensión del espacio.

Croquis de la Bolsa de Comercio de Rosario realizados por alumnos de Introducción a la Arquitectura.

b. El edificio como fragmento

Como expliqué en el inicio, este práctico se elaboró siguiendo los mismos pasos que en el trabajo del C.U.R.

Se tomaron ciertos edificios significativos del sector, seleccionados por su representatividad o por considerarlos de interés investigativo en cuanto al modo en que se relacionan con la calle, y los analizamos como fragmentos de ese tramo que analizamos.

Objetivos del trabajo:

- Reconocer la relación entre espacio urbano y edificio.
- Elaborar gráficamente aquellos aspectos más destacados de los edificios analizados en cuanto a forma, materiales, detalles de sus ingresos y ornamentación.

El proceso de reconocimiento y dibujo se inició tomando al edificio como una totalidad en sí mismo.

De los edificios también nos interesa su relación con la calle en cuanto a las características de sus ingresos, de sus puertas, ornamentación, transparencias.

En este caso trabajamos una bibliografía más específica, el libro "El Muro", que desarrolla los conceptos "tectónico" y "estereotómico", que nos sirvió de apoyo para reflexionar sobre el modo en que estos edificios se brindan a la calle a través de sus muros de fachada, si son más transparentes, si son más opacos y cerrados, etc.

c. Articulación de espacios

Este tema fue utilizado como cierre conceptual relacionando exterioridad e interioridad de algunos de los edificios trabajados en la etapa del fragmento.

Objetivos:

- Observar y reflexionar sobre el modo en que el edificio se brinda al exterior, en cuanto a características de su ingreso, espacios de transición entre el afuera y el adentro, escalinatas halles, distribución a los distintos locales.
- Recurrir a todas las gráficas que el alumno crea conveniente para mostrar el modo en que se relacionan interior y exterior.

Se operó en varios niveles de reconocimiento de los espacios de ingreso, desde la forma, tamaño y proporción de la puerta, con sus materiales y ornamentos, pasando por la toma de datos y dibujo de los elementos que la componen, escalinatas, halles de ingreso, pasillos de distribución, hasta reconocer las formas, escala y materiales de sus espacios interiores.

Dibujos de una vivienda realizados por alumnos de Introducción a la Arquitectura.

REFLEXIÓN A MODO DE SÍNTESIS

Como lo expliqué en el inicio los dos ejemplos que desarrollé, fueron, a mi entender los más representativos de la modalidad operatoria de la cátedra.

El curso 2001 abordó otros ejemplos a los cuales se accedió a partir de documentación gráfica como ser la vivienda en Ostende, obra del Arquitecto Clorindo Testa.

Sobre el final del curso se incluyó otro ejercicio de propuesta, esta vez una vivienda en un barrio. Tratamos que el ejemplo pudiese instalar al alumno en la observación de una problemática similar al barrio o al lugar que él habita, para lo cual se hizo hincapié en la observación y registro gráfico del sector elegido. El trabajo fue organizado sobre la base de pasos muy pautados, de modo que el práctico no fuese convertido en un problema de inventiva, sino, en la resolución de etapas.

En todos los casos nos interesa que el alumno se acerque o aborde una obra de arquitectura comprendiendo al espacio como una totalidad, y comprendiendo que un fragmento, forma parte del total, que no es un hecho aislado, y que la totalidad está compuesta por fragmentos, pero que no es una sumatoria de ellos.

Como cada etapa de observación la práctica gráfica también está sustentada por el desarrollo de determinados contenidos, por ello aunque los pasos de aproximación a la obra sean similares, las resultantes gráficas pueden no serlo.

Todos estos planteos, sobre la forma en que trabajamos con el conocimiento y la manera en que nos relacionamos como equipo docente, constituyen la puesta en práctica de los fundamentos de nuestra cátedra en la que se perfilan problemáticas recurrentes sobre nuestra manera de introducir al alumno de primer año en el complejo campo de la enseñanza de la arquitectura.

BIBLIOGRAFÍA

APARICIO GUISADO, Jesús María
El Muro. Universidad de Palermo, Buenos Aires.

BAUDRILLARD, Jean y NOUVEL, Jean
Los objetos singulares. Arquitectura y filosofía. Fondo de cultura económica. Buenos Aires, 2002.

FRAMPTON, Kenneth
Estudios sobre cultura tectónica. Poéticas de la construcción en la arquitectura. De los siglos XIX y XX. Akal ediciones.

FRAMPTON, Kenneth
"Hacia un regionalismo crítico: seis puntos para una arquitectura de resistencia", en: *La posmodernidad.* Habermas y Baudrillard. Ed. Kairós, 1985.

GRASSI, Giorgio
La arquitectura como oficio y otros escritos. Editorial Gustavo Gili. Barcelona, 1980.

GRAVES, Michael
"La necesidad del dibujo, la especulación tangible", en *Architectural Design* N° 6, 1977.

LINAZASORO, José Ignacio
El proyecto clásico en arquitectura. Gustavo Gili, Colección arquitectura y crítica. Barcelona, 1981.

MENIN, Ovide
Currículo, didáctica y evaluación. Homo Sapiens Ediciones, 2002.

MERLEAU PONTY, Maurice
El mundo de la percepción. Fondo de Cultura Económica, 2002.

PIÑÓN, Helio
Miradas intensivas. Ediciones UPC ETSAB. Barcelona, 1999.

SAINZ, Jorge
El dibujo de Arquitectura. Ed. Nerea. Madrid, 1990.

SCHÖN, Donald
La formación de profesionales reflexivos. Hacia un nuevo diseño de la enseñanza y el aprendizaje en las profesiones. Paidós, Temas de educación. Barcelona, 1987.

TANIZAKI, Junichiro
El elogio de la sombra. Siruela. Madrid, 2000.

Dictamen

Dictamen final de la Comisión Asesora designada para entender en el concurso dispuesto para proveer un cargo de Profesor Adjunto en el Área Teoría y Técnica del Proyecto Arquitectónico, asignatura Introducción a la Arquitectura.

OPOSICIÓN/EXPOSICIÓN

Aborda una extensa exposición del modo que se ha implementado el desarrollo de la materia para enmarcar el tema, al que, en comparación, le dedica poco espacio, aunque quedan claros los énfasis y contenidos que le asigna, avalados por la bibliografía sugerida.

Su lenguaje y modos de exponer son claros y concisos, demostrando una adecuada capacidad didáctica, con una correcta utilización del tiempo total asignado.

CAPÍTULO IV

Gráfica y proceso de diseño[4]

Laura Soboleosky

En el plan de estudios del año 1985 de la Carrera de Arquitectura (Facultad de Arquitectura de la Universidad Nacional de Rosario), los contenidos mínimos de la asignatura Introducción a la Arquitectura perteneciente a primer año son sintéticamente: el reconocimiento formal y espacial de la obra de arquitectura, de los órdenes organizativo-distributivo, de la consistencia material de la arquitectura y el aprendizaje de las operaciones gráficas, instrumentales a las cuestiones anteriores.

El programa de la cátedra de Introducción a la Arquitectura (primer año) adhiere a estos contenidos o factores significativos del proceso proyectual reconociendo en la obra de arquitectura: la

---

4. Texto del Concurso Nacional por Oposición y Antecedentes realizado por la Arqta. Laura Soboleosky para cubrir el cargo de Jefe de Trabajos Prácticos de la asignatura Introducción a la Arquitectura Cátedra Arqta. Selva Moreno, realizado en diciembre de 2006 en la Facultad de Arquitectura, Planeamiento y Diseño de la Universidad Nacional de Rosario.

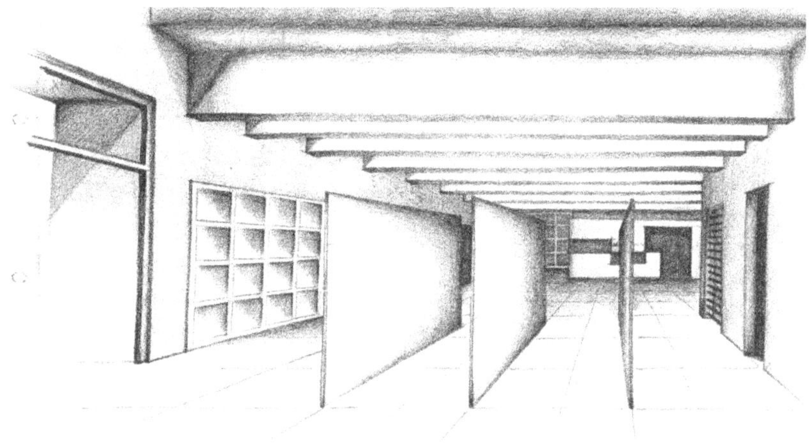

estructura perceptual/formal/espacial, la estructura organizativa/usos y actividades, la materialidad y agrega la relación obra-contexto.

Estas categorías están atravesadas por *la gráfica*, objeto de nuestro tema de estudio.

El proceso de aprendizaje de los alumnos de la cátedra de Introducción a la Arquitectura se organiza en *tres momentos*: cada momento instala una mirada nueva hacia la realidad en un "proceso de transformación de las estructuras de pensamiento de alumnos y docentes", como afirmamos en la ponencia "El aprendizaje del lenguaje gráfico. Tres momentos". Egrafia 2004.

El primer momento, el *momento perceptivo*, lo denominamos *Percepción y registro de lo real.* Es la unidad académica del croquis como instrumento de percepción, de observación, de relaciones y de identificaciones.

El segundo momento, el *momento descriptivo* e *interpretativo*, lo denominamos *Percepción y registro de la obra de arquitectura.* Es la unidad

académica del aprendizaje de los sistemas gráficos: el relato gráfico de una obra de bibliografía desde una mirada reflexiva.

El tercer momento es el *momento generativo*. Es la unidad académica del Proceso de Diseño, el otro objeto de nuestro tema de estudio. Es la transferencia al plano del diseño de gráficas y conceptos a un proyecto arquitectónico de complejidad elemental, emplazado en la ciudad de Rosario.

A propósito del tema de la gráfica acordamos con Michael Graves cuando nos dice:

"El dibujo posee una vida propia, una insistencia, un significado que es fundamental para su existencia. Que una serie de trazos en un

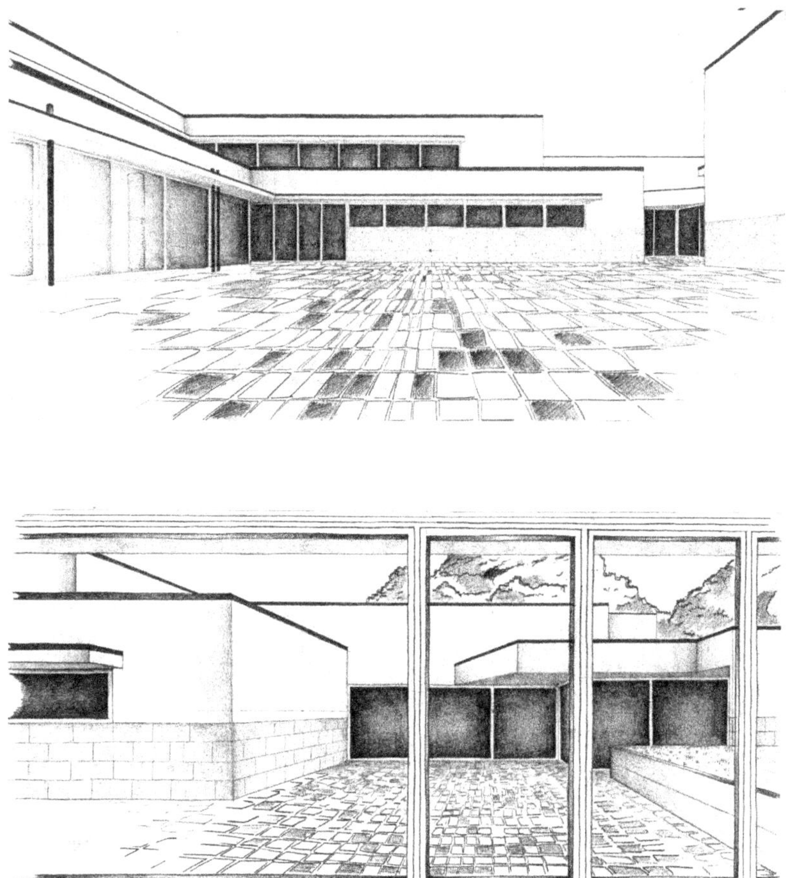

papel puedan entrar en la mente y consecuentemente salir con mayor elaboración, muestra la naturaleza de este maravilloso lenguaje.
Podría preguntarse si es posible imaginar un edificio sin dibujarlo. Aunque me imagino que hay otros sistemas para describir ideas arquitectónicas propias, no me cabe duda de la capacidad que tiene la imagen dibujada de representar la supuesta vida de un edificio."

Procedemos a describir los tres momentos en donde *la gráfica y el proceso de diseño* se encuentran permanentemente presentes:

1. Momento perceptivo, de relación entre el sujeto y el universo de la arquitectura, germen de la gráfica y el proceso de diseño

Cuando ingresamos a la facultad, comenzamos a percibir una realidad espacial, y en los primeros días de clase los alumnos se sientan a observar y a croquizar, reconociendo proporciones, planos virtuales y reales, linealidades, sucesión de elementos verticales, planos de piso y planos de techo. En la facultad reconocen y construyen el hall, sus proporciones, el equipamiento de paneles que generan una dirección y recorrido, y continúan reconociendo los pasillos, espacios de circulación lineal.

También croquizan los halles de permanencia, cada uno con su característica formal, espacial, material y los espacios abiertos de la facultad, patios y terrazas, en relación con el contexto.

Avanzamos en el tiempo académico e ingresamos a croquizar una obra de arquitectura de la ciudad, el Centro Municipal Distrito Sur, obra del arquitecto portugués Alvaro Siza, donde sentados tardes completas, los alumnos observan las proporciones de cada uno de los espacios, las relaciones alto, ancho, largo, las sucesiones de columnas y sus vinculaciones y las grafican. Dibujan la estructura del espacio, líneas, direcciones, tensiones. Luego las materializan con distintas variables gráficas que otorgan luz, color, textura y construyen el espacio y la forma, lo valorizan y lo presentan.

La foto capta *todo*, los dibujos seleccionan de acuerdo a intencionalidades.

Finalmente en el curso de primer año se grafica el eje del Boulevard Oroño de la ciudad de Rosario: desde Oroño y Pellegrini observan el Museo Castagnino, obra de arquitectura del Arq. Hilarión Hernández Larguía, la relación jerárquica del ingreso, nuevamente una sucesión de columnas de otras características que las de la facultad o las del Centro Municipal Distrito Sur y la presencia del *entorno*.

El edificio de la Comercial de Rosario, obra de los Arqs. De Lorenzi, Otaola y Roca, está croquizado por nuestros alumnos, que van adquiriendo, mientras grafican, conocimiento de las características de una obra de arquitectura: lo curvo y lo recto, el basamento y el desarrollo, el lleno y el vacío.

Y así, de pasivo receptor a activo protagonista, captando tensiones, oposiciones, direcciones, elementos de la realidad, rasgos,

 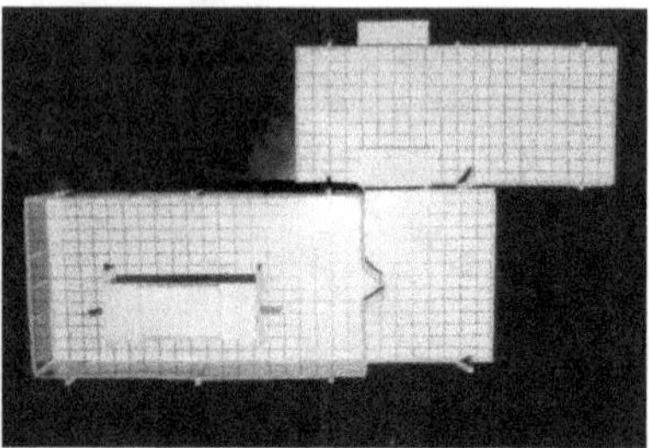

sentido, unidades constituyentes, relaciones, el "lugar" con su estructura y su apariencia, texturas, luces, sombras, proporciones, escala, tamaño, formas, se croquizan esquinas del Boulevard: Santa Fe y Oroño, Tucumán y Oroño, Catamarca y Oroño.

2. Momento descriptivo, de la obra de arquitectura a la interpretación de la idea: es una unidad de teoría y análisis de obra de bibliografía, análisis del proceso de diseño de obras paradigmáticas, ejemplos de la contemporaneidad, obras que permiten la reflexión, que tienen un valor didáctico, que son pedagógicamente claras

Mies con su menos es más, en Farnsworth y el Pabellón de Barcelona, Tadao Ando con su juego de luces y sombras, con espacios únicos o articulados, Pep Linás en Bagur con su clara direccionalidad, linealidad, longitudinalidad característica que luego es retomada en los procesos de diseño.

La gráfica, el dibujo es nuestro lenguaje de comunicación. Con la gráfica construimos el mensaje ¿qué voy a decir con mi dibujo? ¿con qué sistema gráfico trabajo? Cada idea distinta tiene un gráfico distinto. El gráfico, el dibujo, es el instrumento más idóneo, es el lenguaje. También la maqueta acompaña el proceso.

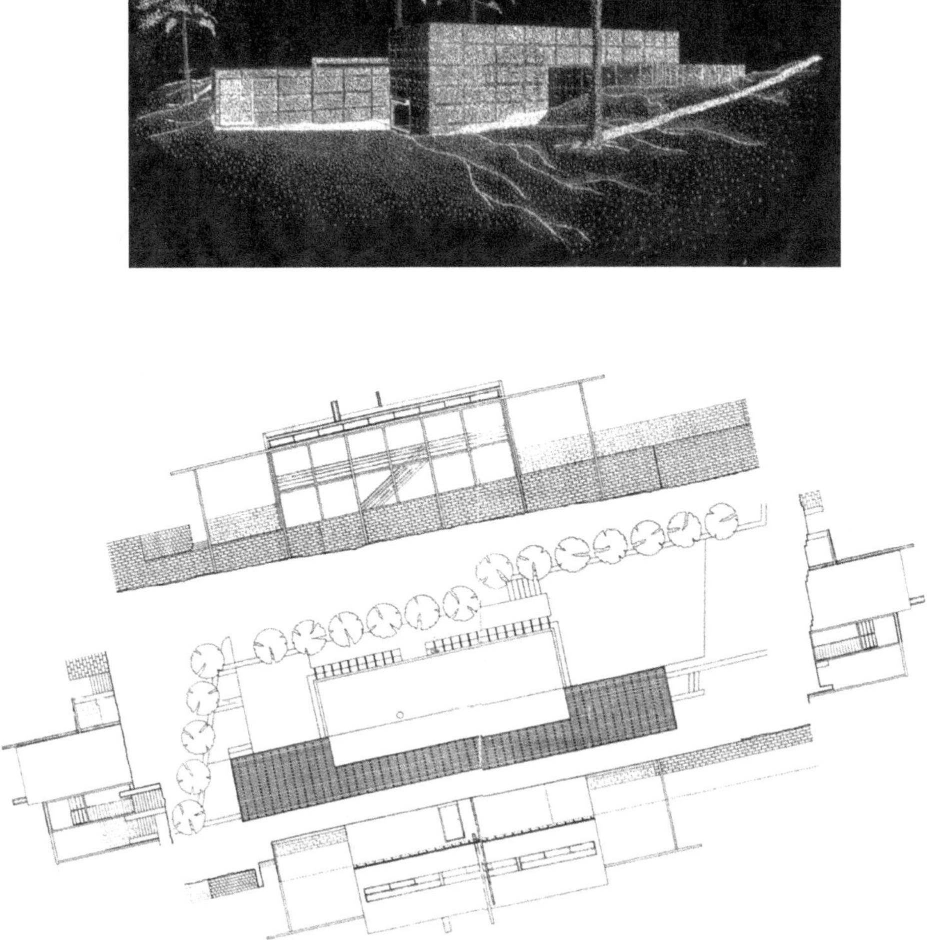

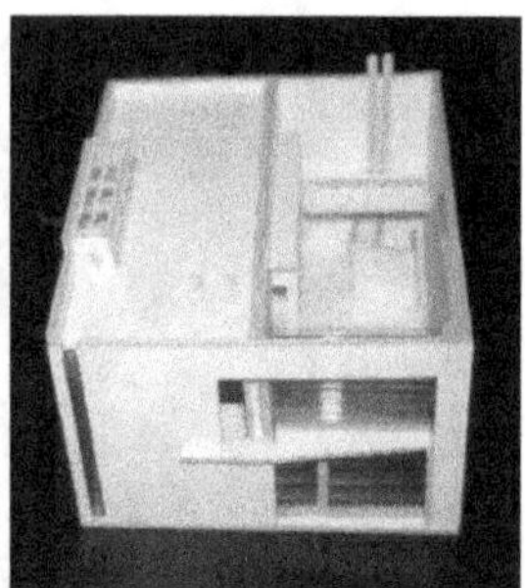

Una obra trabajada en el curso con intensidad fue la Casa Ocampo de los arquitectos Mariano Costa y Marisol Valenzuela, obra local, vivienda entre medianeras, con una fuerte idea de recostarse sobre la medianera oeste.

Con una gráfica a mano alzada los alumnos analizan la relación con el contexto, el espacio, la forma, la estructura perceptual y con una gráfica rigurosa, precisa dibujan los geometrales, que ordenan en correspondencia para su lectura simultánea.

Analizan el orden distributivo con un despiece axonométrico y aprenden el método de la perspectiva para aplicarlo en el relato gráfico de la piel del edificio exterior e interior, por afuera y por adentro. Espacialidad, continuidad, y privacidad, un desafío en esta obra, están graficadas y modelizadas por los alumnos de primer año.

La capilla de la luz de Tadao Ando, además de interpretarla con geometrales, axonometrías y perspectivas significativas, y análisis de la relación obra-contexto, estructura perceptual, formal, espacial, nos inspiró a descubrir en un encierro de una tarde completa, nuevas gráficas de síntesis de la IDEA, el rasgo significativo, el rasgo relevante de la obra.

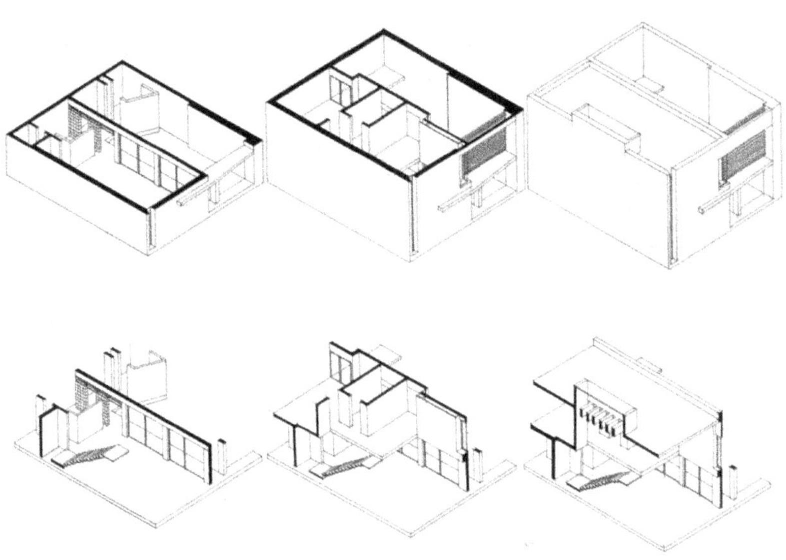

Toyo Ito con Magomezawa, nuevamente ayuda a que los alumnos descubran y aprendan el uso de lo recto y lo curvo, lo texturado y lo liso, la envolvente, el espacio.

La casa del Arq. Rafael Iglesia en Arroyo Seco se compromete con el entorno y con la barranca y los alumnos lo interpretan con sus perspectivas trabajando visuales al río, un entorno muy orgánico, la piel de cristal y hormigón. Captan mediante su gráfica la inmensidad del espacio, la vastedad, el paisaje, la amplitud del horizonte, esa "línea recta que exhibe la naturaleza para dividir lo terrenal de lo divino".[5]

---

5. Iglesia, Rafael. *041*, Revista de arquitectura y urbanismo N° 4 (2000) Colegio de Arquitectos de la Provincia de Santa Fe Distrito 2 Arquitecturas cotidianas. Obras recientes: Casa en la barranca.

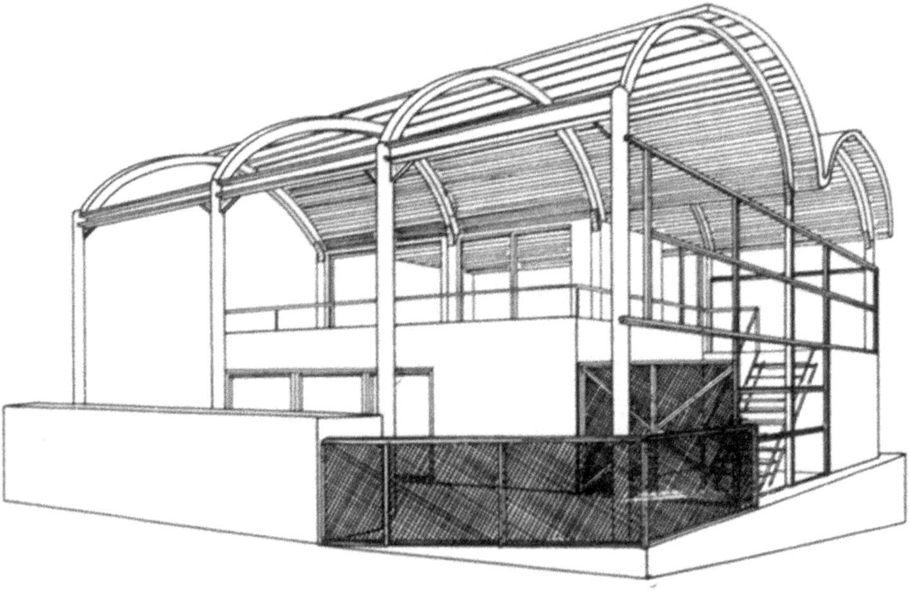

3. De la idea al proyecto. Acá comienza el proceso de diseño propiamente dicho. El momento proyectual de intensa creatividad y transferencia

Transferencia de conceptos utilizando los sistemas gráficos como lenguaje de comunicación y como instrumento de ideación, análisis del sitio y del tema en sus posibilidades, propuesta proyectual de una obra de arquitectura de baja complejidad.

¿Cómo comenzar a proyectar? ¿Cómo enseñar a proyectar?

Decimos que no existe la creación desde la nada, sino construcción desde la mirada.

Partimos de la interpretación del lugar y del tema.

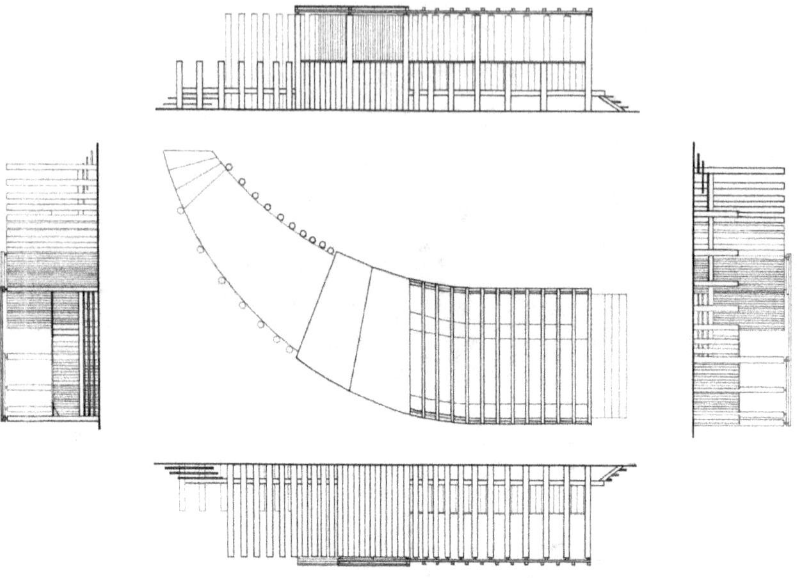

Partimos de una idea:

- Idea de una huella de la memoria (brechas de las vías del ferrocarril, muelles, miradores).
- Idea de metáforas.
- Idea de referentes.
- Idea de la correspondencia con el contexto o de su oposición.

Entonces una vez interpretado el sitio, con la metáfora del pez, logramos un proyecto de un bar en la playa de la rambla Cataluña y en el mismo lugar, después del análisis del contexto, con la metáfora del pájaro diseñamos un bar de techos triangulares que simbolizan al ave.

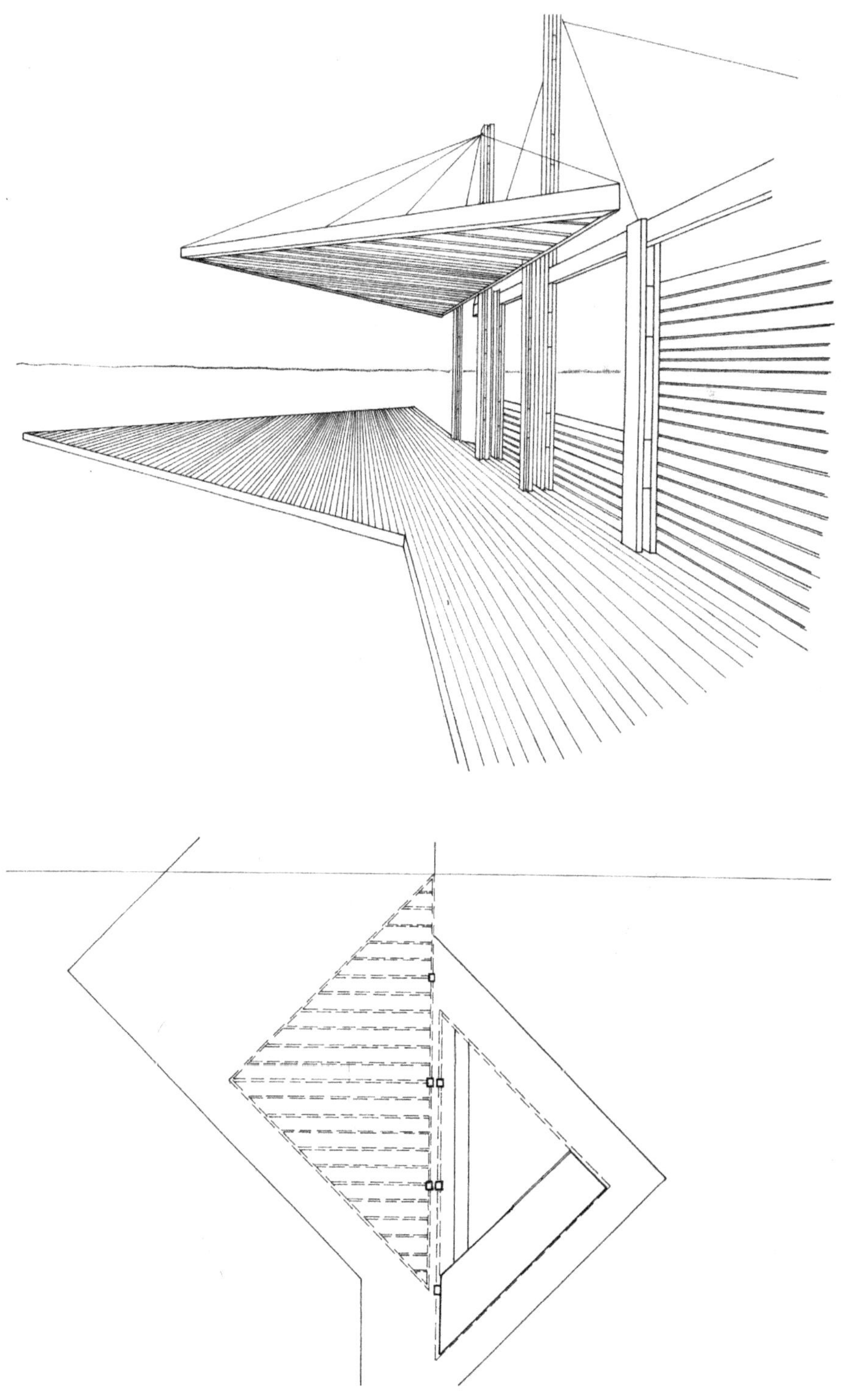

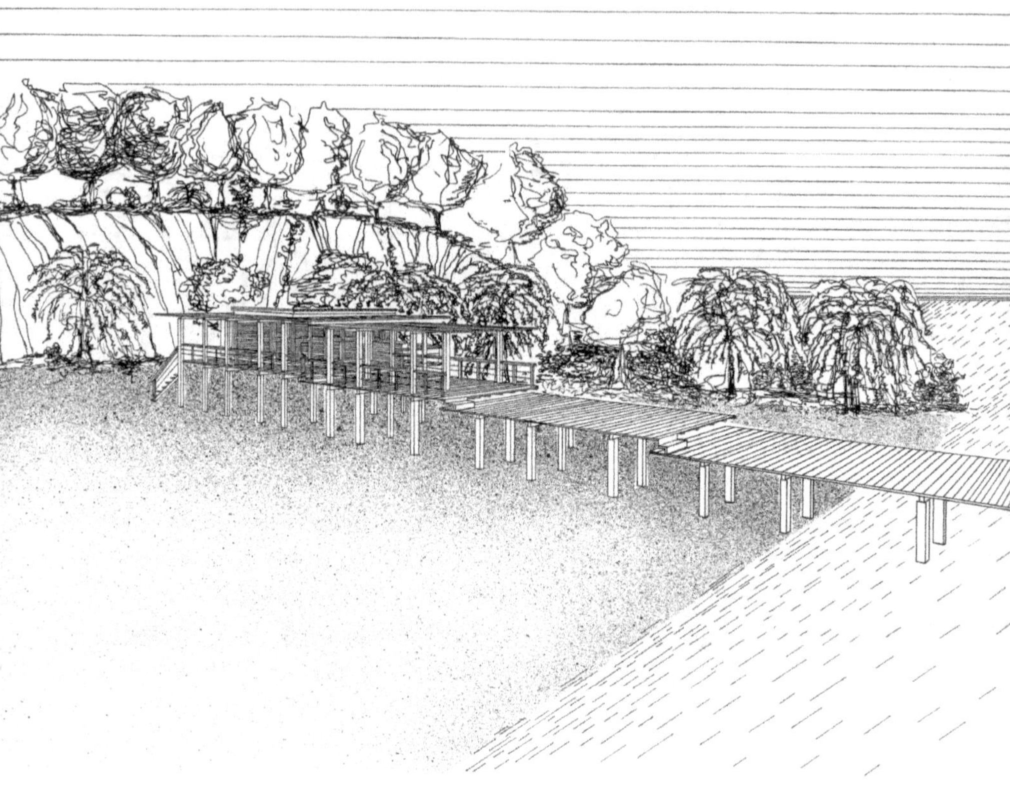

Con la metáfora del barco, diseñamos un lugar de exposiciones en Wheelright y Oroño, cuya planta es como la proa de una embarcación y el volumen está incrustado en el terreno.

Con la idea de longitudinalidad y plataformas que acompañan el desnivel del terreno, luego de analizarlo, proyectamos un bar en la playa de Granadero Baigorria.

Con la misma idea, la direccionalidad, pero ahora perpendicular al río, y en el mismo lugar, diseñamos un refugio para un pescador.

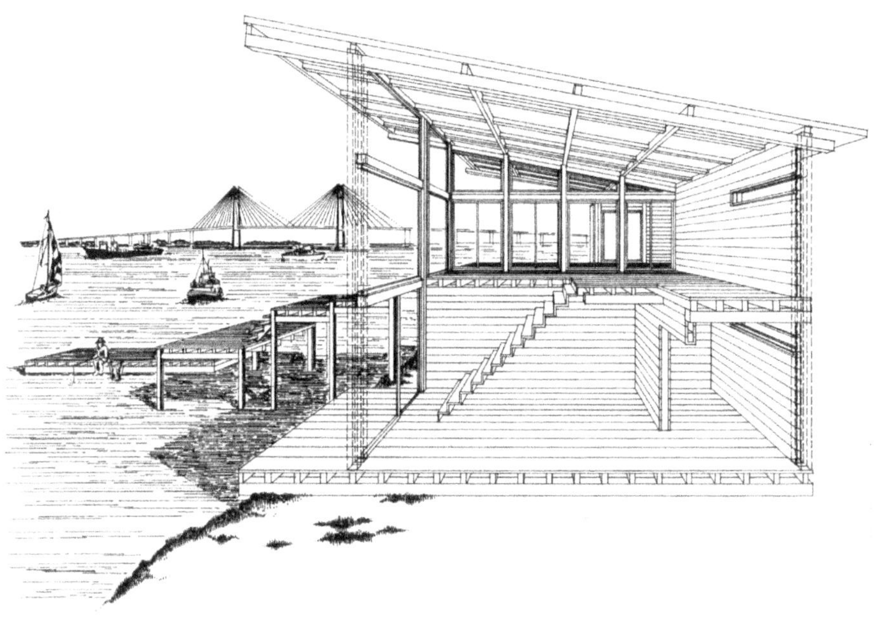

Para terminar transcribimos un fragmento de Simón Rodríguez, maestro de Bolívar, *que sintetiza lo que en esencia nos convoca a todos los educadores*:

"O inventamos o estamos perdidos. No nos alucinemos: sin educación popular no habrá verdadera sociedad.
Enseñar a ser preguntones para que pidiendo el por qué de lo que se manda hacer se obedezca a la razón: no a la autoridad como los limitados, ni a la costumbre como los estúpidos. Al que no sabe cualquiera lo engaña. Al que no tiene cualquiera lo compra.
La América no debe imitar servilmente, sino ser original. Abramos la historia y por lo que aun no está escrito lea cada uno en su memoria."

Dictamen

Dictamen final de la Comisión Asesora encargada de entender en el llamado a concurso dispuesto para cubrir dos cargos de Jefe de Trabajos Prácticos en el Área Teoría y Técnica del Proyecto Arquitectónico, asignatura Introducción a la Arquitectura.

OPOSICIÓN/EXPOSICIÓN

Desarrolla el tema propuesto mediante la lectura de su texto, con precisión y claridad.

Su discurso se inicia mencionando autores de referencia a la gráfica y su inserción en el proceso de diseño.

Señala los momentos que se articulan en las actividades de aprendizaje del proceso de diseño mostrando su conocimiento de qué son, para qué sirve y cómo se realizan estas actividades.

Las imágenes seleccionadas y los autores permiten restablecer la lectura del proceso de diseño en sus momentos reflexivos y generativos. Las gráficas de síntesis son ejemplificadoras.

Nota

Todas las gráficas pertenecen a alumnos de Introducción a la Arquitectura (La Rosa, Suárez, Conti, Negri, Di Tomaso, Camelli, Casal, Martín, Moreno, Milicich).

CAPÍTULO V

Los elementos de la composición[6]

Patricia Benito

Mirada histórica

Desde una mirada histórica con respecto a la producción disciplinar estos conceptos elementos de la arquitectura, elementos de la composición, composición, tienen antecedentes propuestos por el tratado de *Jean Nicolas Durand* en la escuela Politécnica de París en 1819. En su manual tipológico publicado en 1802 se refiere a estos conceptos diciendo por ejemplo que los elementos son para la arquitectura como las palabras para el lenguaje.

Enuncia un modo de proyectar de lo general a lo particular, en donde se aprende familiarizándose con los elementos y sus

---

6. Texto del Concurso Nacional por Oposición y Antecedentes realizado por la Arqta. Patricia Benito para cubrir cargo de Jefe de Trabajos Prácticos de la asignatura Análisis Proyectual I y II Cátedra Arq. Armando Torio, realizado en 2005 en la Facultad de Arquitectura, Planeamiento y Diseño de la Universidad Nacional de Rosario.

combinaciones. Define a la composición como la noción de poner junto, de relacionar las partes para formar un todo, es decir cual va a ser esa relación, crear una estructuración.

La concepción de la arquitectura como ciencia es enunciada, comienza con un método analítico, en el cual analizo, tomando y reconociendo los elementos del pasado, columnas, cúpulas, muros. Enuncio que los edificios debían ensamblarse sobre grillas, una serie de matrices ortogonales, una modalidad sistemática con la geometría como instrumento regulador a través del trazado de ejes subyacentes, sistemas proporcionales que varían de escala según el status de la obra. Como así también son constantes en la composición tanto en la morfología de los edificios como en lo distributivo el uso de la simetría. En la resolución espacial sobre todo en planta relaciona los espacios con pasillos, creando recintos estáticos. Lo constructivo queda en lo abstracto, aparece muy poco profundizado, con una expresión concreta muraria dado el sistema estructural adoptado de muro portante. Se destaca la representación casi preciosista como mecanismo de comunicación, con un dibujo artesanal riguroso.

Julien Guadet, profesor de la Escuela de Beaux Art a fines del siglo XX, retoma los conceptos, elementos de la arquitectura, elementos de la composición, composición, que desarrolla en su tratado "Elementos y teoría de la arquitectura". A los elementos de la composición los define como las partes de los edificios. Concibe a la arquitectura como un sistema, con la geometría como instrumento de composición, con un desarrollo profundo en planta, sobre todo del orden distributivo donde se utiliza la modalidad de grillas de base, para pensar la composición general. Enuncia que los elementos deben aparecer previamente, casi se lo puede asemejar al concepto de tipología o tipo. Sostiene que la composición se hace soldando elementos.

Este modo proyectual a través de la composición planteado por Durand en la escuela Politécnica y Guadet en la escuela de Beaux Arts, estaba centrado en estas características instrumentales que vengo señalando. Se asemeja a un entrenamiento, en donde el lugar a intervenir el emplazamiento de los edificios, la interpretación de programa con sus requerimientos, lo morfológico y materialidad se toman con esta modalidad operatoria descriptas en donde no son los disparadores de las intenciones de composición. El concepto composición es como proyecto en la actualidad.

LOS ELEMENTOS DE LA COMPOSICIÓN

Un tiempo antes en 1850 *Gottfried Semper* en su elaboración teórica enuncia el concepto de elementos de arquitectura con otra interpretación. Aparece en la publicación de su ensayo "Los cuatro elementos de Arquitectura", en referencia a el caso específico de una cabaña caribeña que toma de sus investigaciones antropológicas, teorías que venía desarrollando en sus clases en la academia de Dresde. Los cuatro elementos los toma de la cabaña caribeña que había visto en la Exposición del Palacio de Cristal en 1851, son podio-basamento, cierre vertical o envolvente, tejado o cubierta, y hogar o fuego. En este caso es importante señalar el interrogante que se hace, puesto en porqué y cómo se tomaba del pasado la referencia a los elementos sin ningún tipo de cuestionamiento, y desde allí formular esta nueva posibilidad de mirar hacia otros ejemplos vernáculos con otros valores como posibilitantes de referenciar. Poner en valor la estructura, la construcción y su contenido distanciándose del clasicismo. Los elementos de la composición como totalidad, y no de parte.

La arquitectura moderna en un devenir paulatino a través de la historia ya en 1920 marca una ruptura con esta concepción compositiva académica de sistema cerrado poniendo la primacía en el espacio. Desde la lógica de componer a través de la sumatoria de partes y de recinto, pasamos a la fluidez y continuidad espacial, a una relación interior exterior visual, a una forma abstracta, que si bien como decimos es producto de un devenir histórico con lo clásico de base, todo ello es conseguido en parte con el aporte de la estructura, la forma constructiva y el carácter material producto de los cambios tecnológicos. En el Pabellón de Alemania, de la Exposición Internacional de Barcelona, en 1929, Mies van der Rohe introduce este nuevo concepto espacial con la fluidez del espacio como resultado en contraposición con el recinto, la simultaneidad de visuales y el recorrido como estrategia proyectual. Estas cuestiones concebidas a través de un sujeto en movimiento.

Los elementos de la arquitectura, en particular el plano, puestos en relación pero independizados, decimos autonomía de los mismos. El piso como elemento unificador, un orden estructural modulado. Una estructura laberíntica pero sistemática. Sucesión espacial. Composición como montaje, un espacio continuo. Mies dice que la forma progresiva era de carácter tecnológico y al mismo tiempo estético. Los elementos de la composición definidos con un concepto de integralidad.

La composición es contenido programático en el Plan de Estudios 1985, en nuestra facultad, con influencias de la escuela italiana, autores como el Arq. Aldo Rossi, Carlo Aymonino, Giorgio Grassi, entre otros retoman procedimientos y conceptos, en donde la composición, los elementos de la arquitectura, y de la composición se resignifican.

El programa del taller toma y desarrolla estos conceptos

como contenidos programáticos, configurando un marco teórico de referencia, los resignifica y los define.

Preexistencias de la arquitectura, devenir y comparación. Nosotros consideramos tres elementos básicos: el piso, el muro y la cubierta.

Los elementos de la composición como unidades espaciales significativas mínimas, donde los elementos de la arquitectura han sido relacionados, apareados, combinados, ensamblados, estructurados espacialmente.

Los elementos de la arquitectura otorgando sentido, reconociendo un orden lógico de opciones sucesivas.

El foco está puesto en los:

Elementos de la arquitectura definidos como unidades mínimas del hecho arquitectónico, límites espaciales del mismo, entidades constructivas esenciales. Unidad, como parte integrante de un todo. Nuestro taller los propone como el piso, el muro y la cubierta.

De la comparación con Semper basamento = piso, cierre vertical = muro, cubierta = tejado.

Los elementos son planteados por su autonomía, su rasgo concreto, como sustancia que deviene en una especialidad. Donde el basamento o piso es un continuo unificador en relación al lugar y a la interpretación del programa.

De las relaciones entre ellos, de su articulación se van a constituir las unidades espaciales, los elementos de la composición.

LA COMPOSICIÓN

Componer. Constituir un todo con diferentes partes. Maneras o modo como forman un todo las partes.

Definimos como composición a la relación ordenada de los

elementos de la composición, en relación a un sitio y un programa determinado, imprimiéndole significación. Componer entonces: o poner en relación para determinar una forma, es paulatina como sucesión de procedimientos y complejidades. Se convierte en una estrategia proyectual.

A través de un análisis de casos de obras, propongo indagar en como aparecen los elementos de la arquitectura en un análisis comparado con Semper como lo venimos diciendo. En los casos seleccionados se trata de mostrar la continuidad de los conceptos a partir de empezar por los elementos de la arquitectura que relacionados, o puestos en relación configuran los elementos de la composición. Unidades espaciales significativas.

Para la enseñanza de la arquitectura sabemos la definición de los elementos de la arquitectura es asimilable, por su condición de invariante en la historia, su grado de independencia, su manipulación, es quizás el concepto más comprendido por los alumnos. Un elemento concreto.

Es necesario aclarar que en el taller a los alumnos les hablo de proyectar, el eje está puesto en el proyecto, como idea de transformación, reinterpretamos y elaboramos nuestra manera de hacer. Enunciamos intenciones espaciales que no parten de un análisis previo como estrategia de descomponer y componer, como lo hacían Durand, ni Guadet. El proyectar desde esta perspectiva de la concepción de proyecto. El Arq. Alfonso Corona Martínez, en "Ensayo sobre el proyecto" define composición arquitectónica, arquitectura y proyectos como la designación de un grupo de materias bastantes parecidas entre distintas escuelas de arquitectura, en las que se realiza la enseñanza de la práctica proyectual. Composición para designar el acto de proyectar. No hay un solo proceso de proyectar.

Proyectar entendido como poner en relación los elementos

de la arquitectura ordenadamente, en interpretando un sitio, y un programa.

A través de un orden distributivo espacial, un orden geométrico morfológico, y un orden constructivo.

CASO 1

CASA PARA LOS PADRES DE MATHIAS KLOTZ, EN CHILE

AUTOR: ARQ. MATHIAS KLOTZ

Composición unitaria, complejidad menor que aumenta gradualmente.

La relación establecida con el lugar es la intención fundante del proyecto.

Elementos de la arquitectura: piso-basamento, muro-cerramiento vertical, cubierta-tejado.

Elementos de la composición: las unidades espaciales (ingreso, servicio, comedor, dormitorio, expansión) están estructuradas a través una centralidad espacial determinada arquitectónicamente con una doble altura, con una relación interior-exterior. Estrategias de recorrido, visuales, orientación, operaciones espaciales de adición, sustracción, materializadas o abstractas reafirman esta estructura en donde el espacio de estar es el elemento de composición ordenador. Al analizar el orden distributivo, el orden geométrico espacial, y el orden constructivo estas cuestiones se confirman.

CASO 2

CAPILLA Y COMPLEJO PARROQUIAL DE MARCO DE CANAVEZES, EN PORTUGAL

AUTOR: ARQ. ÁLVARO SIZA. AÑO 1990

Composición compleja, complejidad menor que aumenta gradualmente.

La relación establecida con el lugar es intención fundante del proyecto.

Elementos de la arquitectura: piso-basamento, muro-cerramiento vertical, cubierta-tejado.

Elementos de la composición. Todos los edificios considerados como elementos de la composición tienen como núcleo el espacio abierto, tipo plaza como elemento de composición que estructura el todo. La relación del todo y de las partes propone dos entradas. Una composición compleja. La capilla en su doble rol como completamiento del complejo parroquial y de parte está estructurada a través de un elemento compositivo jerarquizado que es la nave principal. El orden distributivo, el orden geométrico espacial, y el orden constructivo adoptados ponen de manifiesto en el orden adoptado por los elementos de la composición.

CASO 3

CASAS CON PATIOS, EN MATHOSINOS, PORTUGAL

AUTOR: EDUARDO SOUTO DE MOURA. AÑO 1993

Composición múltiple.

La relación establecida con el lugar es intención fundante del proyecto.

Elementos de la arquitectura: piso-basamento, muro-cerramiento vertical, cubierta-tejado.

El centro de composición lo definen dos elementos de arquitectura: la cubierta y el muro, que también van a definir su expresión. La cubierta la configuran tres losas paralelas de hormigón, otorgándole carácter de unidad y continuidad a la totalidad

El muro, estructural como tabique de carga, medianero e intermedios, también reafirma la idea de continuidad en un sentido y discontinuidad en el otro con el cerramiento de vidrio. La cubierta y el muro materializan la idea.

La cubierta y el muro son continuos, lo que soporta cubre y

cierra el espacio es todo uno, pero entendidos como la relación interior exterior y como ensamblaje de partes. Todo ello conseguido por la relación asignada a los elementos de la composición, unidades espaciales significativas, en su carácter de parte y todo. La relación del todo, conjunto de vivienda y de las partes, viviendas propone dos entradas dentro de una composición múltiple.

CASO 4
AUDITORIO KURSSAL Y CONGRESO, EN SAN SEBASTIÁN, ESPAÑA
AUTOR: RAFAEL MONEO. AÑO 2000

La relación establecida con el lugar es intención fundante del proyecto. Enunciar en este ejemplo sólo los elementos de la composición con relación a la ciudad, en esta estrategia proyectual que se recorta en esta mirada de arranque en donde siempre la ciudad, el paisaje y las preexistencias (las piedras sobre la costa) en este caso son el punto de partida. Que se asemeje a las piedras del lugar.

TRABAJO DE ALUMNOS, PRIMER EJERCICIO TRONCAL DE SEGUNDO AÑO
ANÁLISIS PROYECTUAL 1. LA ESTRUCTURA ES EL PROYECTO
AUTOR: ALUMNO SERGIO TOMBOLINI

La relación establecida con el lugar es intención fundante del proyecto, es quizás el ejercicio con el que más entrenamiento tenemos. Hablamos de pensar un proyecto. Interpretamos el lugar y el programa. Empezamos por los elementos de la arquitectura, los elementos de la composición que aquí son una unidad. Se enuncian todos los conceptos y procedimientos de una manera simple y sensible.

Me pregunto cómo lo hacemos.

En el *Taller* como dispositivo de formación integral del alumno. El concepto de dispositivo al que adscribimos es introducido por Michel Foucault[7] definiéndolo como un conjunto heterogéneo de elementos que incluye discursos, espacios arquitectónicos, reglamentos, proposiciones filosóficas y morales. Para Foucault, el dispositivo es la red que se establece entre estos elementos.[8] A partir de una actitud activa de parte del estudiante.

Adhiero a los tres principios básicos que tomo de las ciencias sociales, la autogestión, relativa por el nivel de la carrera en que estamos, la libertad para la expresión abierta y la solidaridad de los miembros entre sí.

Dictamen

Dictamen final de la Comisión Asesora encargada de entender en el llamado a concurso dispuesto para cubrir tres cargos de Jefe de Trabajos Prácticos en el Área Teoría y Técnica del Proyecto Arquitectónico, asignatura Introducción a la Arquitectura.

OPOSICIÓN/EXPOSICIÓN

Comienza abordando directamente el tema de los Elementos de la Composición. Se referencia con Durand como autor del término Elementos de la Arquitectura y a Guadet como su continuador con los Elementos de la Composición (unidades espaciales). Recuerda a Semper que determina con elementos no clásicos categorías similares. La aparición del movimiento moderno,

---

7. FOUCAULT, MICHEL. *Historia de la sexualidad 1: la voluntad de saber.* Buenos Aires, Siglo XXI Editores, 2002 (Ed. orig. *Historie de la sexualité 1: la volonté de savoir.* París, Éditions Gallimard, 1976).
8. FOUCAULT, MICHEL. *Saber y verdad.* Madrid, Ediciones La piqueta, 1991.

especialmente con Mies van der Rohe resignifica el espacio: nuevas relaciones interior exterior, fluidez espacial que cambia la manera de ver y sentir el mismo. —

El Plan de Estudios 85 repone el término composión y la postulante realiza un análisis de casos con obras de M. Klotz, A. Siza y Souto de Moura, así también con trabajos de alumnos, clasificando las composiciones en unitarias, complejas y múltiples.

Cita a Foucault, afirmando que el taller es un dispositivo válido para la enseñanza de la arquitectura.

Termina su exposición subrayando los paradigmas del taller: autogestión del alumno, libertad de expresión y solidaridad de los miembros. Exposición amena, sólida, que demuestra convicciones elaboradas.

CAPÍTULO VI

Los instrumentos operativos en el análisis de obra[9]

Adriana Montelpare

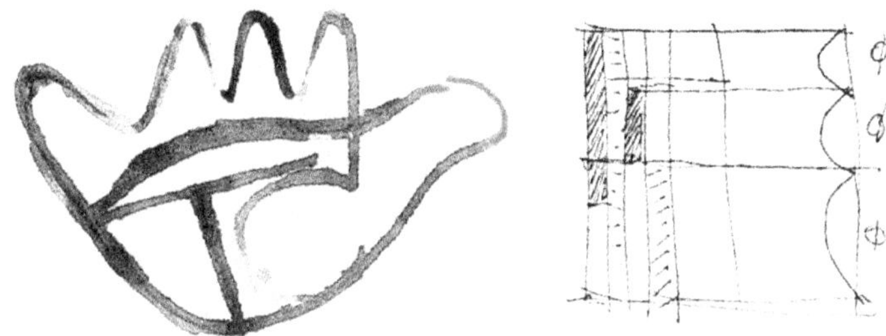

Le Corbusier, *La main ouverte*. Boceto para la realización de una medalla.
Fuente: *Le Corbusier le passé à réaction poétique*. Catálogo de la exposición presentada en el Hotel Sully. Impreso por SNIM, París, Francia, 1998.

En estos dos fundamentos, que corresponden al programa de Introducción a la Arquitectura, se condensa la forma en que concebimos la enseñanza proyectual y de sus instrumentos operativos:

9. Texto del Concurso Nacional por Oposición y Antecedentes realizado por la Arqta. Adriana Montelpare para cubrir un cargo de Jefe de Trabajos Prácticos de la asignatura Introducción a la Arquitectura Cátedra Arq. Fernando Boix realizado en diciembre de 2006 en la Facultad de Arquitectura, Planeamiento y Diseño de la Universidad Nacional de Rosario.

"La cátedra procura desarrollar a través de las actuaciones que implican el desarrollo de la asignatura la construcción de un camino de acceso al conocimiento proyectual *entendiendo que deben proveerse adecuadamente los* instrumentos teóricos y operativos de la disciplina."

"El acceso al saber disciplinar está planteado desde la Arquitectura, *por ello la producción práctica y la reflexión teórica se desarrollan y comprueban desde* experiencias proyectuales, analíticas o propositivas *acordes a la instancia de iniciación del alumno."*

En cuanto al uso del término *"camino de acceso"* queremos expresar que no tratamos de transferir o trasvasar un conocimiento, sino de generar un proceso, es decir abrir un camino. *"Porque lo que se trata de inducir es un aprendizaje, por lo tanto no se trata de transferir un conocimiento cosificándolo"*[10] Se trata de aprender del proceso y no del resultado, de enseñar a conocer el propio acto de conocer.

En este sentido la enseñanza y el aprendizaje proyectual no se piensa como acaparamiento de nociones, ni sistema de repeticiones, sino a partir de una producción crítica de experiencias proyectuales (tanto análiticas como propositivas) en las que se progresa gradualmente para la construcción del conocimiento proyectual.

En el curso planteamos tres experiencias proyectuales que se corresponden con las 3 unidades didácticas.

Las *unidades* planteadas concurrentes con las tres posiciones instrumentales *son experiencias proyectuales que van aumentando en su complejidad y profundidad* en el transcurso de la asignatura. Son tres experiencias distintas desde su posición instrumental pero se

---

10. Doberti, Roberto. "Ubicaciones, articulaciones y paradojas". Conferencia pronunciada en el Ateneo Pedagógico 2005. Escuela Superior de Diseño de Rosario, julio de 2005.

identifican en la intención cognoscitiva. Estas unidades se aproximan gradualmente al conocimiento proyectual.

UNIDAD DIDÁCTICA 1

De la experiencia concreta de la obra a su conceptualización y codificación gráfica

Esta experiencia se constituye en un *primer momento*, de aproximación a la obra de arquitectura como objeto de interpretación, inteligible, tangible, medible y posible de ser mediatizado, para su comprensión, a través del lenguaje gráfico como herramienta disciplinar específica.

UNIDAD DIDÁCTICA 2

De la codificación gráfica de la obra a su conceptualización

Introducción a una metodología de reconocimiento de una obra de arquitectura como hecho espacial partiendo de documentación bibliográfica.

Mediada por instrumentos operativos de interpretación que permitan la categorización de los aspectos significativos de la obra.

UNIDAD DIDÁCTICA 3

De la conceptualización de los principios e instrumentos de la disciplina a la propuesta proyectual que los sintetiza

Introducción a una propuesta proyectual y su interpretación gráfica.

El proceso de generación de conocimientos empieza con procedimientos marcadamente intuitivos en un comienzo para dirigirse luego progresivamente a formas de presentación cada vez más elaboradas y complejas.

En el desarrollo de estas tres experiencias proyectuales los instrumentos operativos y los instrumentos conceptuales se integran en una estructura de relación de sentido dada por lo disciplinar.

LOS INSTRUMENTOS OPERATIVOS

El lenguaje gráfico y maquetas son los medios que disponemos para pensar la arquitectura.

Éstos no desarrollan un papel meramente auxiliar en la acción proyectual sino que por ser medio y parte de la misma producen un cambio en la estructura misma de dicha acción.

El dominio de los instrumentos operativos (lenguaje gráfico y modelos tridimensionales) no puede considerarse neutro, aséptico con respecto a arquitectura, sino *inmerso y sumido en lo disciplinar* en relación con las exigencias de comprensión y toma de conciencia que requiere la misma disciplina.

La adquisición de los instrumentos operativos no debe estar por fuera del sentido que tiene dentro de lo disciplinar.

EL ANÁLISIS DE OBRAS

El análisis es una experiencia proyectual en tanto recupera la obra como proyecto.

El proceso de análisis proyectual consiste en cualificar, interpretar y sintetizar un agregado de datos en un conjunto coherente; en lugar de separarlos en categorías.

El resultado, de esta integración proyectual de los datos, es la comprensión de la noción de proyecto puesta en juego en la obra.

Este proceso se mueve de los datos obtenidos a la emergencia de la trama argumental de la obra.

Esta trama argumental determina que datos deben ser incluidos con que orden y con que fin.

LOS INSTRUMENTOS OPERATIVOS EN RELACIÓN AL ANÁLISIS PROYECTUAL

En relación con el análisis los instrumentos operativos se instalan como herramienta de elaboración y profundización conceptual.

Con los instrumentos operativos (el lenguaje gráfico y modelos tridimensionales) indagamos, construimos y validamos las representaciones que requiere el desarrollo de esta trama argumental.

Los instrumentos operativos (gráficas y maquetas) se constituyen en mediadores en la interiorización y en la comprensión de la espacialidad de la obra, del lenguaje gráfico mismo que codifica esa espacialidad y de los argumentos que sustentan la obra desde lo disciplinar.

FINALIDAD DEL PROCESO ANALÍTICO-PROYECTUAL EN RELACIÓN
A LOS INSTRUMENTOS OPERATIVOS

El producir estos trabajos analíticos nos posibilitarán la comprensión de la noción de proyecto puesta en juego en la obra y de los aspectos que la constituyen.

Serán además el lugar concurrente y significativo donde profundizaremos el aprendizaje de los sistemas gráficos.

Estos trabajos serán un modo de construir y almacenar en nuestra memoria verdaderas estrategias del trabajo proyectual a las que podemos apelar en el momento de proyectar.

En este momento quería traer a cuenta la siguiente frase de Le Corbusier: *"Dibujamos para llevar lo visto a nuestro interior… El fenómeno de la invención solo viene a través de la observación."*

Creo que la misma sintetiza la relación entre Instrumentos operativos, análisis de obra, y su finalidad con respecto al aprendizaje proyectual.

LA SEGUNDA UNIDAD DEL CURSO

De la codificación gráfica de la obra a su conceptualización y constatación con ejemplos concretos

Dejamos de actuar en el espacio inmediato y evidente ya que hemos asimilado parte del lenguaje gráfico, y logrado cierta independencia del referente concreto, cuestión que posibilita la lectura e interpretación de datos.

Esta segunda experiencia con la obra de arquitectura, es la de afrontarla a través de dibujos y fotografías con datos de fuentes bibliográficas. *"La obra ausente demandará una reconstrucción total de la misma y un análisis exhaustivo que de cuenta de su ecuación proyectual."*

Esta unidad está compuesta por dos trabajos prácticos que se desarrollarán en forma relativamente paralela, permitiendo la interacción y condensación del aprendizaje.

Son dos instancias o momentos con distintas demandas de los instrumentos operativos.

Un primer momento de carácter descriptivo. Como es la obra en un primer nivel de organización.

En un proceso inverso al de la unidad anterior; desde los dibujos, fotografías y otros datos que recibe el alumno; debe construir la espacialidad de la obra.

En un proceso de *"traducción"*, construimos modelos espaciales tridimensionales y axonometrías generales para una *lectura inicial del espacio* que posibiliten articular la tridimensionalidad y concurrentemente ejercitar las variables de sistema gráfico y la construcción de maquetas.

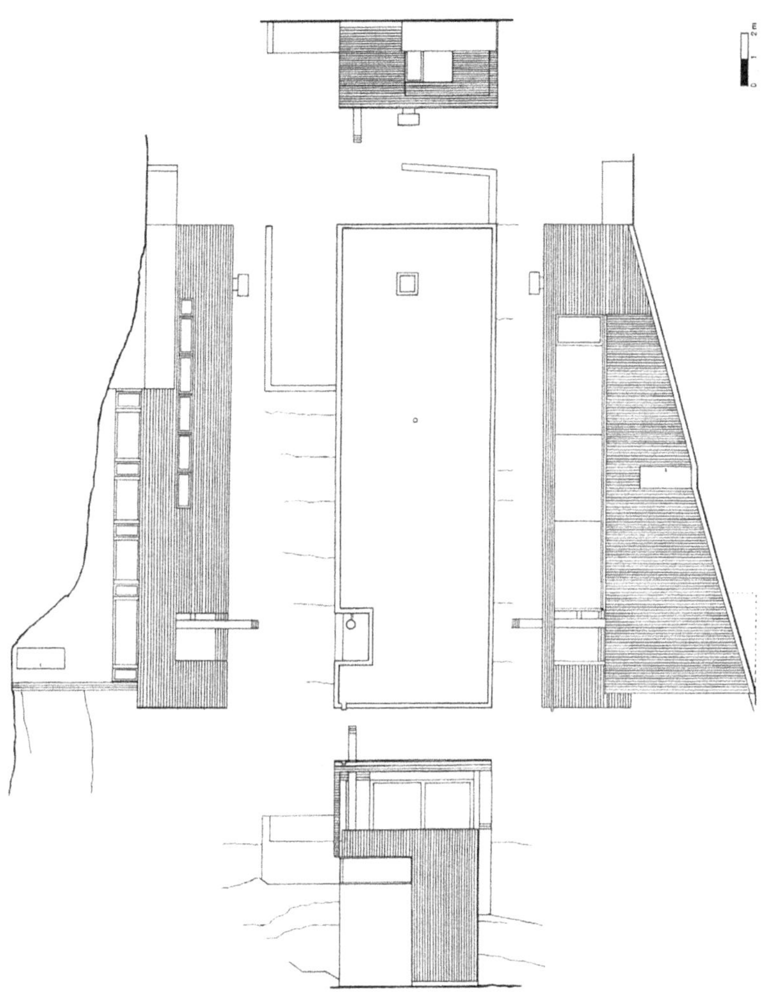

Modelos espaciales y dibujos en este proceso se van deter-
minando y apuntalando mutuamente, tanto en la comprensión
del espacio como del lenguaje gráfico. La maqueta en esta instancia es clave ya que nos permite abordar las tres dimensiones en
forma directa.

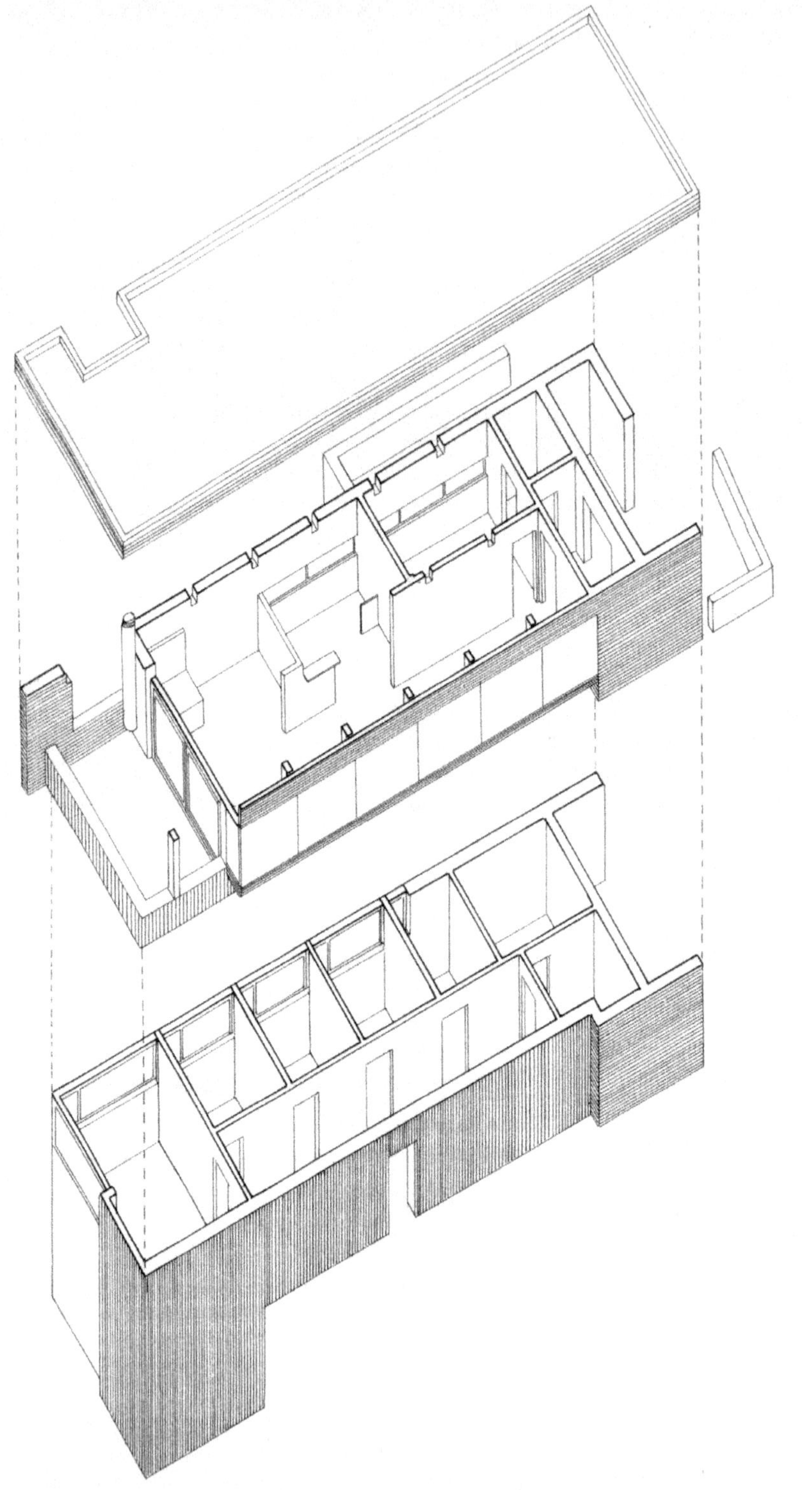

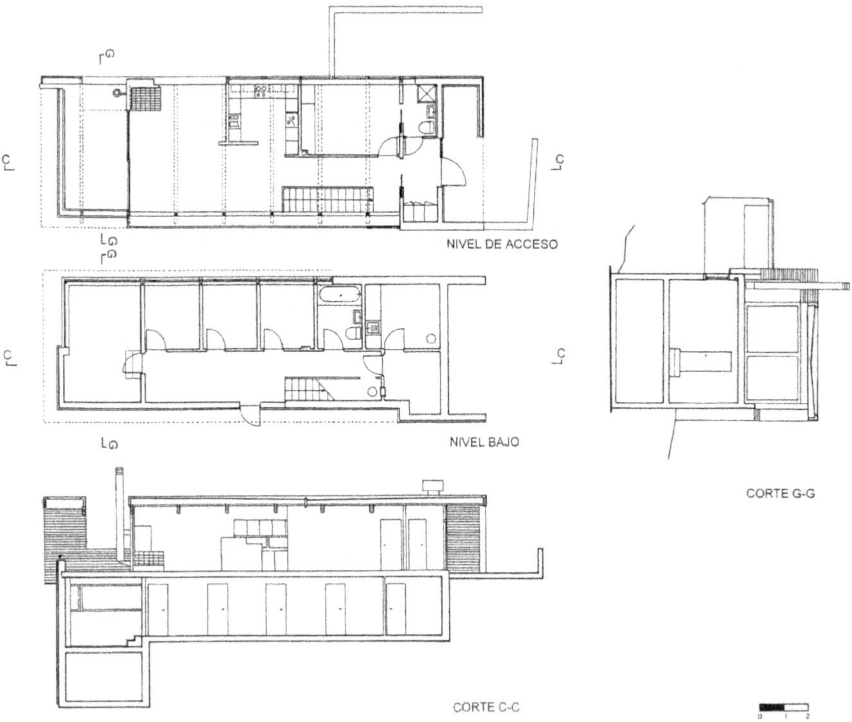

NIVEL DE ACCESO

NIVEL BAJO

CORTE G-G

CORTE C-C

Red house, Arq. Jamund - Noruega Gráficas realizadas por los alumnos: Luciana Cian, Jaime Cumpa López.

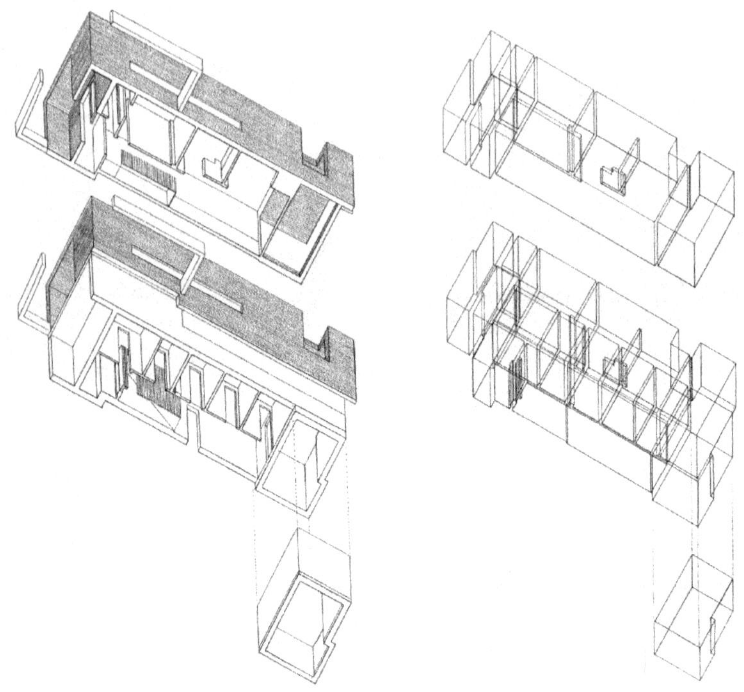

"La traducción no es obtusa e infeliz pretensión de copia, sino abierta interpretación. Su valor se verifica aún dentro de un mismo código: si nos proponemos decir con nuestras propias palabras una idea que no acabamos de captar, reconocemos que sólo ese traducir posibilita verdadera comprensión." [11]

Este momento no se contrapone con el siguiente, sino que es compatible con la construcción teórica conceptual siendo asimismo un momento necesario de la misma. Además no existe

---

11. DOBERTI, ROBERTO. "De la extraordinaria importancia y múltiple naturaleza del proyecto", en *Contextos* 6+7, Revista de la FADU-UBA, Buenos Aires, 2001.

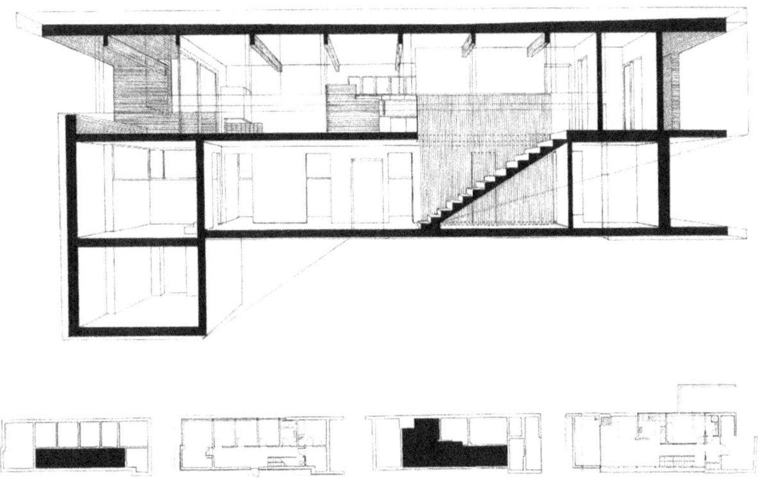

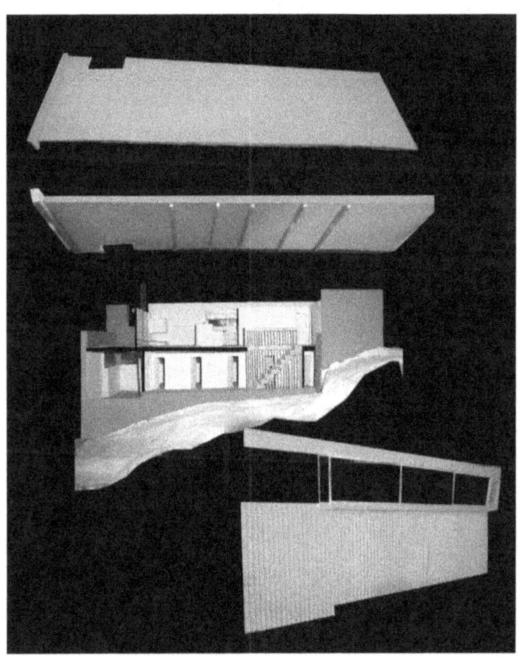

Red house, Arq. Jamund - Noruega Gráficas realizadas por los alumnos: Luciana Cian, Jaime Cumpa López.

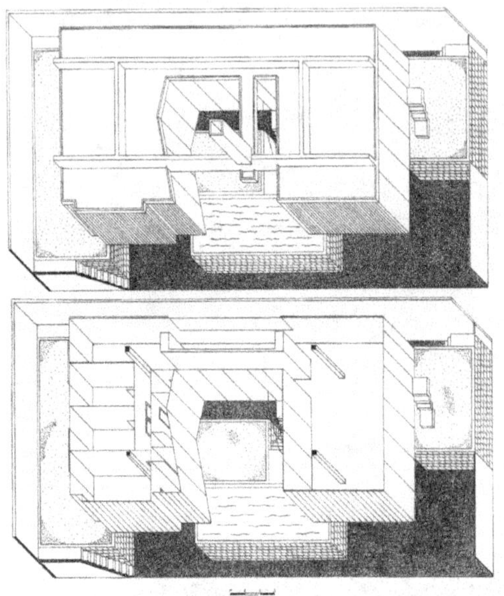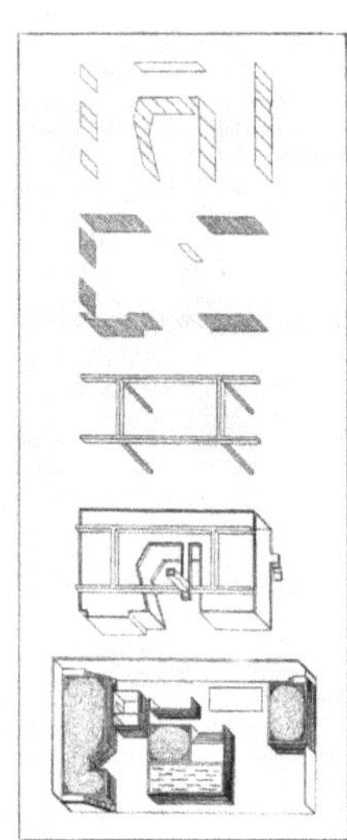

un límite preciso entre describir e interpretar, casi siempre la descripción implica una transformación, una interpretación ineludible.

Ya construida la espacialidad de la obra entramos en el *segundo momento de carácter interpretativo* que requiere una elaboración más profunda tiene que ver con el reconocimiento de los aspectos o ejes conceptuales cuyas variables constituyen en su entramado la noción de proyecto. En este momento se trabaja en el reconocimiento de los ejes conceptuales: morfológicos, distributivos, de la materialidad, y la relación de la obra con el sitio. Se pone insistencia además en la interrelación compleja de estos aspectos en la construcción de la noción de proyecto.

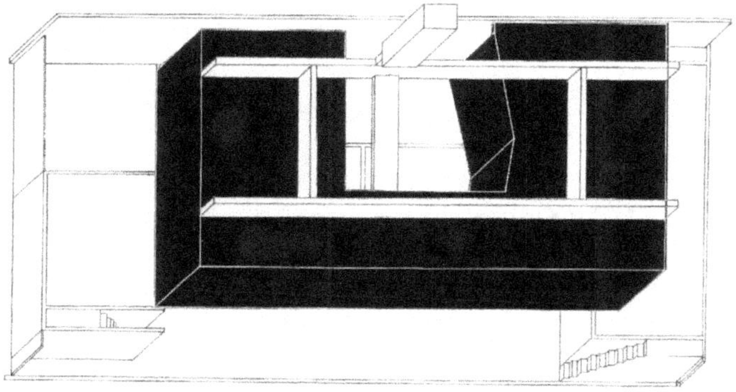

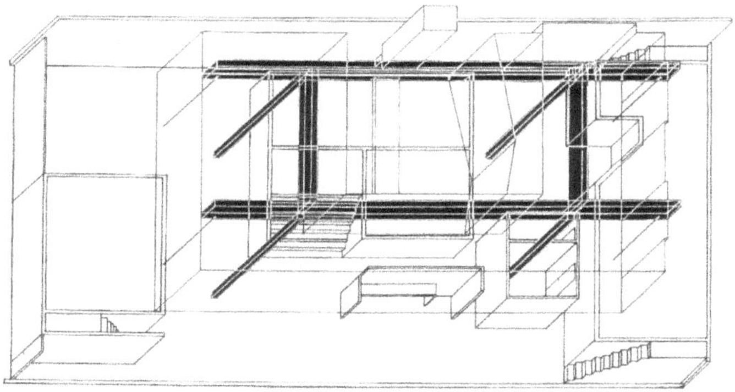

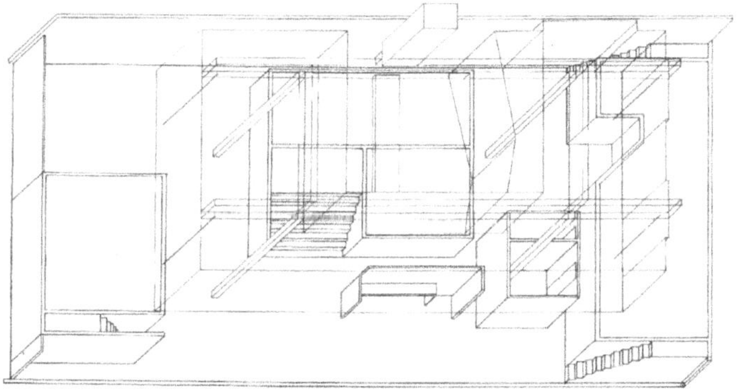

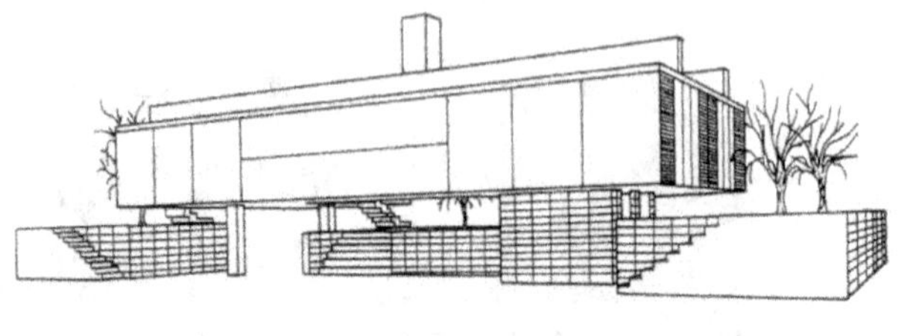

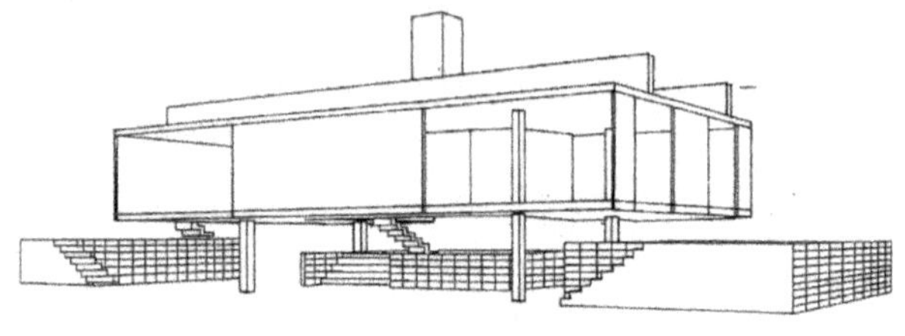

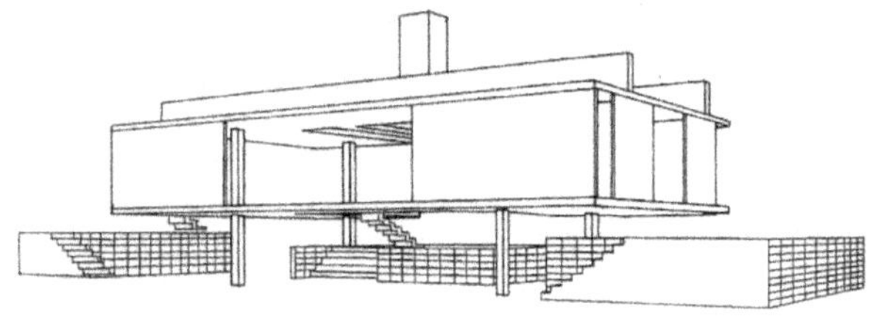

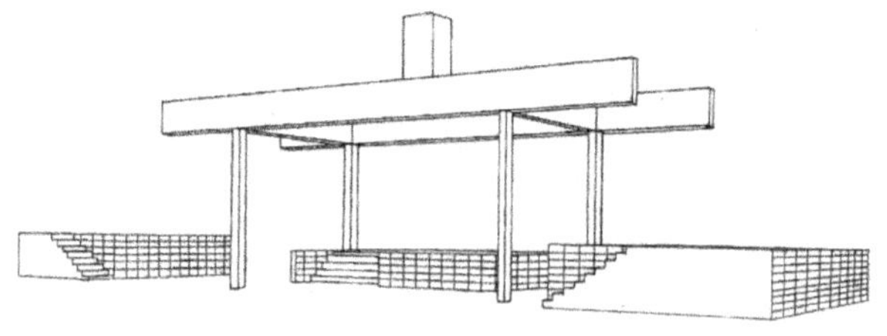

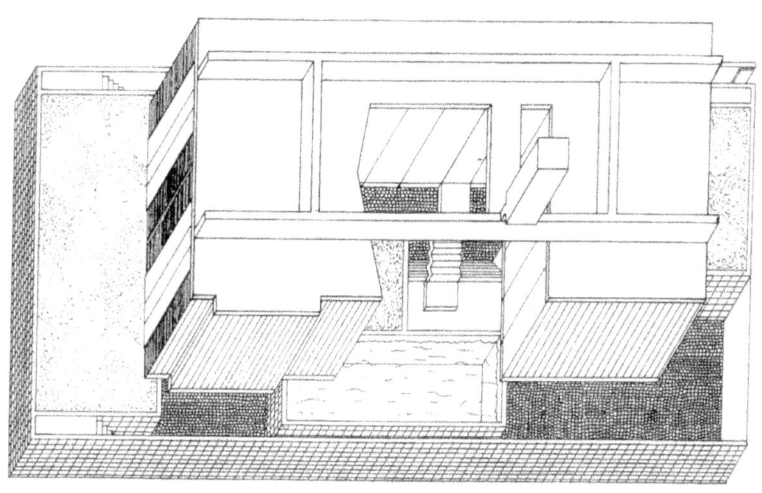

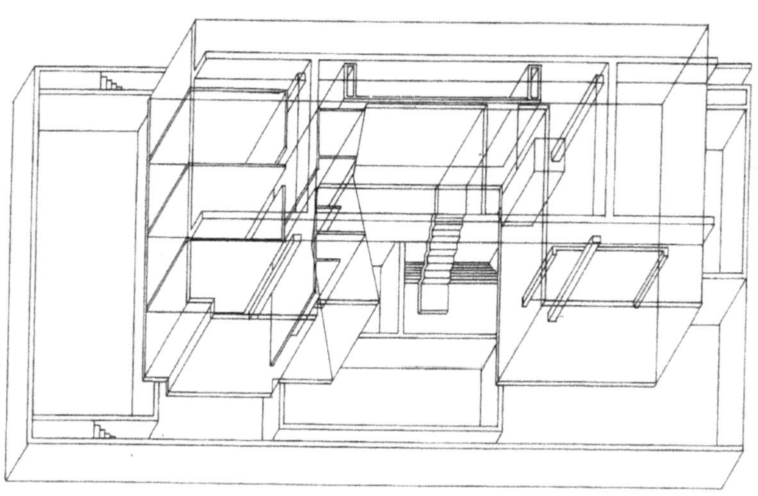

0 1 2 3 4 5

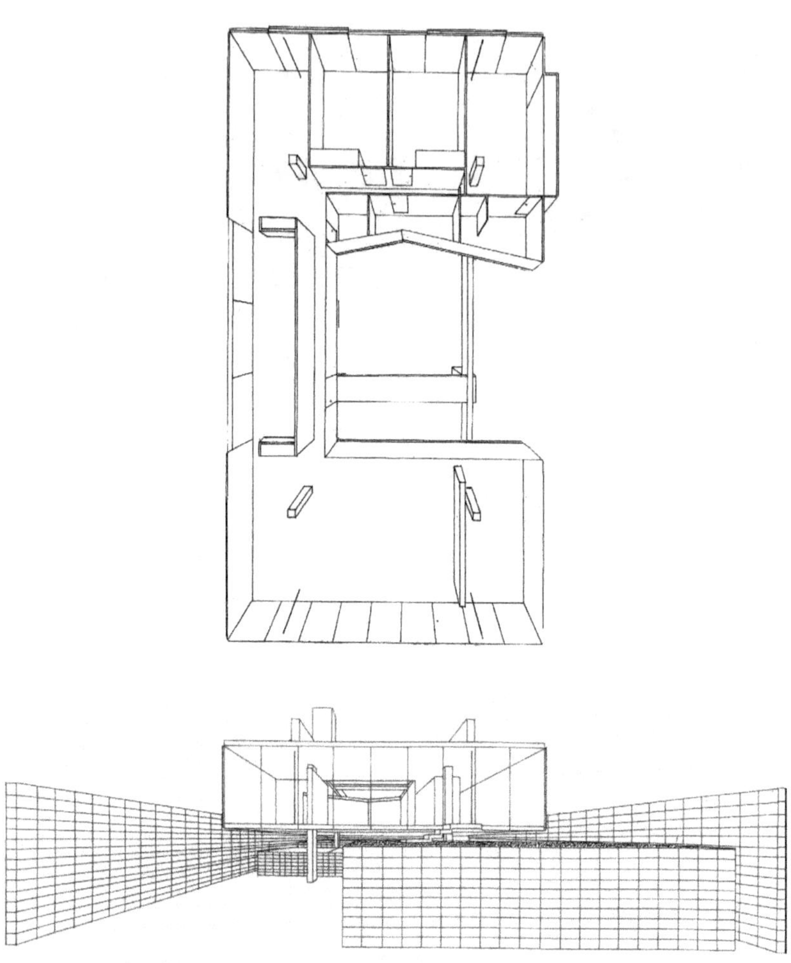

Casa en Riveiro Pretto, Arq. Bucci. Gráficas realizadas por los alumnos María Julia Izaguirre, Rocío Hormazábal, Ramiro Sienra, Pablo Ponce.

Toda interpretación, toda lectura que hagamos de la obra implica una *transformación*; ya que involucra intenciones, valoraciones y selección de lo significante y de lo insignificante; en la puesta en juego del sentido proyectual analizado en la obra.

Con el análisis arquitectónico la obra se vuelve pensamiento y eso es lo que nos deja.

"Lo propio de la conciencia en sentido estricto, el intelecto, es que sólo metaboliza la experiencia después de haberla reducido a signos." [CORINNE ENAUDEAU]

Las operaciones gráficas y los modelos tridimensionales instalan el proyecto:

La obra no es así, la pienso así.

Los instrumentos operativos dan cuenta de la noción de proyecto: Explican intenciones proyectuales, exponen significaciones, exploran los distintos aspectos proyectuales, indagan las variables de los distintos aspectos, configuran rasgos, conforman relaciones, revelan intenciones proyectuales, etc.

CONCLUSIÓN

Nos atañe el dibujo y los modelos tridimensionales como toma de distancia con respecto al objeto, como forma de centrarnos en lo disciplinar, como medio de penetración en el sentido de la obra, como medio de toma de conciencia de los argumentos proyectuales de la misma y sobre todo, como ya se expuso, como lenguaje que permite la internalización de los conceptos que se ponen en juego en la noción de proyecto.

Estos instrumentos *mediatizan la experiencia análitico proyectual*, en su carácter *sustitutivo* a la vez que *constitutivo, anticipatorio y*

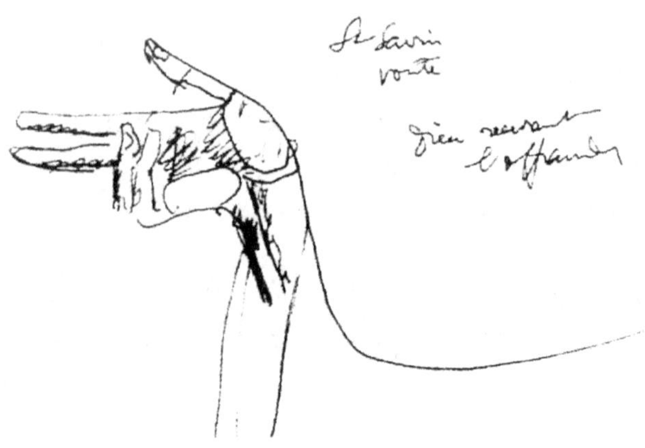

Le Corbusier, *La main de Dieu*. Croquis, 1959. Fuente: *Le Corbusier le passé à réaction poétique*. Catálogo de la exposición presentada en el Hotel Sully. Impreso por SNIM, París, Francia, 1998.

prefigurativo. Es en la asunción de estos caracteres donde *la gráfica se constituye como instrumento germinal* del proceso de conocimiento.

Comencé mi exposición con el dibujo de una mano realizada por Le Corbusier y quería terminar con otra mano también dibujada por el mismo autor, esta última llamada *"la mano de Dios"*.

Los dibujos de estas manos remiten, hacen alusión a esta conexión entre reflexión-acción, entre pensar-hacer que tanto tiene que ver con nuestra particular forma de conocer.

Para finalizar, quiero concluir con la repetición de esta frase de Le Corbusier, que sintetiza la finalidad de los instrumentos operativos en el aprendizaje proyectual:

"Dibujamos para llevar lo visto a nuestro interior… El fenómeno de la invención sólo viene a través de la observación."

Dictamen

Dictamen final de la Comisión Asesora encargada de entender en el llamado a concurso dispuesto para cubrir dos cargos de Jefe de Trabajos Prácticos en el Área Teoría y Técnica del Proyecto Arquitectónico, asignatura Introducción a la Arquitectura.

OPOSICIÓN/EXPOSICIÓN

La exposición se inicia con certeros conceptos que fundan la propuesta.

En un contexto amplio ubica el tema en relación con el curso, plantea los instrumentos operativos, desarrolla el concepto de análisis y especifica la finalidad del trabajo analítico.

Reafirma que no se trasmite un conocimiento sino que se produce un aprendizaje en el proceso. Señala que los instrumentos no sólo son medios que el arquitecto dispone sino que son parte de la experiencia proyectual y además modifican su estructura. También reconoce que no son meros instrumentos técnicos sino que fundan el proyecto.

Juzga con solidez el análisis proyectual en tanto recupera valores arquitectónicos de la obra y en su capacidad de selección de datos, construye la trama argumental del proyecto.

Explicita con claridad los dos momentos del trabajo analítico: reconocimiento e interpretación, señalando a cada uno de ellos con claridad y fundamento. Indica y precisa que los instrumentos operativos, dibujos y modelos espaciales, en su capacidad de significación, instalan, explicitan, exploran y revelan diversos aspectos de la obra.

La exposición concluye con una cita de Le Corbusier, con la que también se inició. La misma –referida a la observación, la memoria y la creación– sirvió de estructura para el planteo expuesto.

Sobresale el valor didáctico de los medios audiovisuales utilizados en una exposición de sensibilidad y rigor conceptual que denota su vocación de conocer lo disciplinar y los fundamentos pedagógicos, como así también su nivel y capacidad docente.

CAPÍTULO VII

Pensar un ejercicio práctico [12]

Claudia Chiarito

Elaborar un ejercicio de la asignatura Análisis Proyectual presupone una excusa para el desarrollo de los contenidos teórico-práctico del programa de cátedra, en el marco del Plan de Estudios vigente.

Pensar un ejercicio es pensar un proyecto, un problema a resolver. Apela a nuestra experiencia académica, profesional y cultural.

Debe aportar los: *para qué, por qué y cómo dentro del proceso proyectual*. Como así también los *conocimientos*: conceptos y procedimientos que el alumno debe sí o sí saber, las *capacidades: aquello*

---

12. Texto del Concurso por Oposición y Antecedentes realizado por la Arqta. Claudia Chiarito para cubrir un cargo de Jefe de Trabajos Prácticos de la asignatura Análisis Proyectual I y II, Arq. Andrés Villalba, realizado en la Facultad de Arquitectura, Planeamiento y Diseño de la Universidad Nacional de Rosario.

que el alumno tiene que poder hacer y los *indicadores*: lo que muestra el grado de desempeño del alumno.

Debe contemplar *para quién* va dirigido el ejercicio. En este caso se solicita para alumnos de Análisis Proyectual II (tercer año de la carrera) con conocimientos previos del mismo taller y auto-biográficos/con un grado de complejidad adecuada al programa del primer ejercicio proyectual de esta asignatura anual, que tiene como contenido la composición múltiple/compleja, con un tiempo y un espacio, el taller real-virtual para su desarrollo. Es necesario entonces definir *estrategias de acción*.

Es el Jefe de Trabajos Prácticos quien va a definir estas estrategias, va a acompañar al alumno en su recorrido, en su proceso de pensamiento para conformar y clarificar su propio modo de proyectar. Organizando el ejercicio, involucrándose ya que *la enseñanza no es algo que se hace a alguien, sino que se hace con alguien.*

Lo verifico desde mi experiencia docente y considero la *enseñanza-aprendizaje* como una relación biunívoca de ida y vuelta, de estímulo, gratificación y enriquecimiento mutuo. Experiencia compartida, en donde el *Docente* tiene que saber qué enseña, cómo y querer hacerlo/conocimiento, pedagogía y voluntad. Y el alumno activo, con voluntad de aprender.

Y el ámbito propicio para este desarrollo es el *Taller*.

Taller como dispositivo de formación integral del alumno, entendiendo *dispositivo* como lo define Michel Foucault[13] como un conjunto heterogéneo de elementos que incluye discursos, espacios arquitectónicos, reglamentos, proposiciones filosóficas y morales. Para Foucault, el dispositivo es la red que se establece entre estos elementos.

---

13. FOUCAULT, MICHEL. *Historia de la sexualidad 1: la voluntad de saber.* Buenos Aires, Siglo XXI Editores, 2002 (Ed. orig. *Historie de la sexualité 1: la volonté de savoir.* París, Éditions Gallimard, 1976).

Como se viene haciendo en la cátedra, una estrategia de estructurar el *taller en red/"taller de talleres"*.

Lugar donde los aciertos son *patrimonio de todos*.

Ahora bien si un problema a resolver contiene todos los elementos para su solución, desde lo disciplinar infiere distintas soluciones, distintas miradas.

Es entonces necesario en la presentación del ejercicio Fragmento de un proyecto mayor –el cual se anexa– enunciar y aclarar los conceptos/conocimientos ya que nada es obvio.

El término *fragmento* (parte) tiene un valor intrínseco de pertenencia, ser parte de un nuevo todo. Se necesitan mutuamente. Existe una interrelación simultánea de la parte al todo, y del todo a la parte.

Operar con un fragmento es hacer un proyecto con otro proyecto existente. Una nueva obra. Una nueva estructura arquitectónica.

Es una interpretación de una situación real de la arquitectura, intervenir por completamiento de edificios, de ciudad-paisaje para transformarlos.

Puntualmente planteo en el ejercicio propuesto trabajar con el Centro Municipal de Distrito Centro "Antonio Berni", como edificio existente y su lugar de emplazamiento.

El problema a resolver es la vinculación, poner en relación con este edificio un anexo cultural (como fragmento) para componer una *nueva estructura arquitectónica*.

¿Cómo?

El *procedimiento proyectual*, no lineal, iterativo, necesita plantear etapas con el fin de organizar un proceso de enseñanza-aprendizaje.

En esta *etapa preliminar*, introductoria, habiendo ya presentado el ejercicio (a cargo del profesor titular o del profesor adjunto) el Jefe de Trabajos Prácticos define un plan de acción. En el taller con los alumnos se reflexiona grupalmente para socializar los posibles modos de abordaje (torbellino de ideas), allí se refuerzan conocimientos e instrumentos adquiridos, se reconoce e interpreta el problema, se habla del lugar (el cual se visita), del alcance del tema planteado y se plantean estrategias de acción.

¿Con qué instrumentos?

Primero reconociendo como instrumento operativo, metodológico *la relación análisis-proyecto*, entendida como dos momentos de una misma operación, en simultaneidad. Teoría y práctica en una experiencia integradora. Entendiendo que en el camino de la idea al proyecto los procedimientos de búsqueda no son iguales y el análisis provee la autorregulación permanente. No hay proyecto sin análisis.

Es entonces que decido mostrar las respuestas a las preguntas que el alumno se debe hacer a partir del análisis de un caso de estudio.

La casa de la Caritat de los arquitectos Piñón-Viaplana, en Barcelona (actual Centro de Cultura Contemporáneo)

Se plantea el completamiento del orfanato existente. Ponerlo en valor. Con nuevas leyes, cierra el claustro/nueva espacialidad/nueva forma/nuevo lenguaje y nueva tecnología. No compite. Con una piel de vidrio resuelve dos escalas, primero respeta las alturas existentes completando el patio y luego quiebra en lo alto para reflejar Barcelona. De lo concreto a lo abstracto, de la obra a la idea.

Con esquemas abstractos de guía para el alumno que denotan la especulación proyectual: de la idea al proyecto.

¿Dónde ubicarlo/de qué manera vincularlo/distintas formas, con materiales nuevos?

Sigamos los pasos. Se plantea la comprensión de las preexistencias.

Empezamos por el lugar… Hacemos una interpretación en la visita desde lo físico y perceptual. El sitio sugiere propuestas.

Se propone trabajar con el edificio del Centro de Distrito Centro. Ubicado en la calle Wheelwright entre Corrientes y Presidente Roca.

¿Por qué?

Trabajar en una de estas áreas, como fragmento de ciudad. En este momento con valor de contexto y no como edificio solista. En una isla entre la trama urbana y el parque de borde –río Paraná– horizonte. Como edificio local, accesible, público, que admite intervención y plantea tanto su relación con la ciudad como su vinculación con el medio natural. Realidad de las intervenciones. Con una arquitectura pabellonaria, ladrillera y tradicional. Refuncionalizada, didáctica y de simple comprensión espacial, formal y material.

El sector de emplazamiento es en la cabecera norte/actual plaza. Contención de la ciudad al parque lineal borde-río/arriba y abajo/entre la calle y el verde.

El lugar de intervención cobra valor por su carácter de espacio público, recreativo y cultural.

En el coexisten distintos edificios como La Isla de los Inventos, galpones con usos cambiantes, la pérgola, el Centro Distrito Centro, y la Torre de los ingleses.

Desde el río un nuevo frente cambiante.

La desafectación de tierras ferro-portuarias permitió la recuperación de grandes espacios públicos sobre el frente del río, donde antes era impensado acceder. Sumado a esto la continuidad en la planificación de proyectos de valorización de la costa, una política de descentralización y una serie de obras público-privadas le han cambiado la fisonomía a Rosario.

Nuevos desafíos como las nuevas temáticas, "los centros de distrito", convocaron obras nuevas de positivo impacto como

Centro de Distrito Sur del arquitecto Siza y Centro de Distrito Noroeste de los arquitectos Bechis o de recuperación y puesta en valor como Villa Hortensia y Centro de Distrito Centro del arquitecto Forero como verdaderos anclajes de la memoria urbana (la torre).

Es interesante poder debatir con alumnos que criterios asumir frente a la puesta en valor de edificios patrimoniales. Criterios valorativos consensuados sobre el carácter de lo nuevo. Estamos a favor de lo nuevo, desde el aquí y el ahora. ¿Tradición-innovación?

Estos primeros pasos devienen de interpretar, analizar y tomar posición sensible respecto al sitio desde lo físico, lo vivencial y lo perceptual. Después con material gráfico preciso se corrobora y se socializan los aciertos mediante correcciones grupales.

De igual manera se transita *la interpretación del programa.* No es sólo la respuesta a una demanda, en este caso cultural, sino incorporar lo subjetivo, la experiencia y dar significado. Transformar lo abstracto en espacio y resolverlo.

¿Cuáles son los puntos de contacto con lo existente, qué incorpora el CMDC y qué el fragmento? ¿Cuáles son los encuentros programáticos?

Ambas interpretaciones (sitio+programa) definen el carácter del proyecto.

En esta etapa analítica-propositiva el alumno desarrolla los esquemas preliminares de idea del proyecto, selecciona una. Inicia el anteproyecto. Definición de la masa edificada-espacio abierto/jerarquías. Correcciones grupales en taller con revisión de propuestas.

Para verificar la factibilidad, como Jefe de Trabajos Prácticos, estudio anticipaciones proyectuales.

Este camino de conjeturas, hipótesis, contradicciones, negociaciones de la idea al proyecto depende del análisis e interpretación de las preexistencias, de los datos, de analizar el lugar, interpretar el programa. Otorgar carácter al proyecto. Proporcionar espacios. Darle medida, escala. Definir elementos con un nuevo orden, nuevas leyes. Busca *integrar en un sistema único Espacio-forma-materia con expresión contemporánea.*

Analizar obras de arquitectura: casos de estudio, facilita interpretar diferentes estrategias proyectuales, distintas escalas de completamiento para comprender que ideas conceptuales, estructurales y formales le han dado fundamento. Enfoco la vinculación de la parte y el todo.

CASOS DE ESTUDIO

Galería Store Front del arquitecto Steven Holl y artista *Vicconti*, en Nueva York.

Vinculación: Edificio existente sin nexo (solicitado por programa). Con renovación de fachada como superficie que da límite. Opacos/transparencias/materiales secos. Intervención exploratoria/mutante-lúdica/en relación al lugar.

Herramientas dibujos+maqueta.

La Gallega, complejo comercial de los arquitectos *Faure-Malamud-Riveira*, en Rosario.

"El lugar es un fragmento de historia, expresado por un conjunto de edificios industriales vinculados sobre una calle propia." [Memoria de los autores]

El completamiento pone en valor lo existente, no todo se deja, se selecciona para jerarquizar silos y chimenea.

Vinculación: la relación entre lo nuevo y lo existente se materializa con el vidrio incrustado en los antiguos muros de ladrillo a la vista. Se evidencia con una caja de vidrio. Se asimilan en los materiales pero distintas tecnologías.

Museo del Castelvecchio del arquitecto *Carlo Scarpa*, en Verona.

Scarpa hace del fragmento una filosofía. Cada fragmento incluye la búsqueda de muchos dibujos, sus cuadernos de apuntes así lo indican, en el caso de la reforma del Castelvecchio que transcurrió casi todo su vida, da cuenta de esta obsesión en su procedimiento, de utilizar el dibujo como acto de pensamiento.

Vinculación: construye el vacío, pone en valor la estatua de Cangrande. Construye un puente como nexo donde cada cara lo recibe, diferencia la geometría del lugar. Siempre pone en valor lo existente. Pocos materiales.

"Dibujo porque quiero percibir." [FRASE DE SCARPA]

Si bien en los casos expuestos las diferencias en las relaciones de espacios –forma– materia pueden denotar la existencia de lo viejo y lo nuevo (por los tiempos de ejecución) el proyecto se analiza desde la integración de una nueva estructura arquitectónica con puesta en valor de lo existente por mimesis o contraposición.

El alumno va dando proporción, medida a los espacios, trabaja tanto la parte como el todo. Desarrolla aspectos distributivos, formales y constructivos. Diferencia espacios abiertos, cerrados/gradación espacial. Incorpora esquemas de estructura en relación a las decisiones formales y distributivas. Estudia áreas principales del proyecto: hall de ingreso, SUM. Ajusta, calibra los espacios y sus relaciones. Evidencia las decisiones materiales con las condiciones formales superando lo meramente constructivo. Escalas desde el reconocimiento del área de intervención 1:500, 1:200, 1:100 sector y 1:50 hasta el fragmento significativo.

En este camino de cambios, de poner en crisis, tomar decisiones, se *requiere de la representación* como verificación continua y reflexiva, *como instrumento de pensamiento.* Ya que acompaña al alumno en todo el recorrido de la idea al proyecto, de lo general a lo particular, o sea de lo abstracto a lo concreto, pero como ida y vuelta. O viceversa cuando analiza, desarma para comprender de lo concreto a lo abstracto.

Representación incluye tanto dibujos a mano alzada como precisos, maquetas, tres dimensiones, fotografía, fotomontajes, etc.

En la primera etapa la gráfica debe ser blanda, elástica, personalizada, carente de medida, lo que nos permitirá producir rápidas operaciones de cambio por sucesión, sustitución o superposición.

La gráfica euclidiana es por el contrario inelástica, impersonal, con un alto grado de formalización y posee medida.

Tanto en modelos a escala y geometrales operar con distintas escalas implican distintas perspectivas como grado de aproximación.

Es necesario entender que este proceso de enseñanza-aprendizaje termina o inicia en la *evaluación.*

Entiendo la evaluación como otro momento de construcción. Ver aciertos, desaciertos, estimular, gratificar, reflexionar para construir. Aquí los indicadores serán los voceros de las competencias alcanzadas por el alumno. No serán evaluados sólo al final sino que necesariamente cada etapa de su procedimiento será revisado y comunicado para que conozca su situación en el aprendizaje y devolver siempre una crítica a su producción.

Deben estar los criterios de evaluación necesariamente socializados tanto para los docentes como alumnos desde el principio. Se debe enseñar al alumno a pensar, a autoevaluar su acción. Evaluar procesos y resultados.

Dejo una frase de Le Corbusier que sigue siendo muy actual:

"Trataría de inculcar en mis alumnos un sentido preciso de control, de juicio imparcial, y del 'cómo' y del 'porqué' ...

Los entusiasmaría para cultivar este sentido hasta el día de su muerte. Pero quisiera que lo basaran sobre una serie de hechos objetivos. Los hechos son fluidos y cambiables, especialmente hoy en día, así que les enseñaría a desconfiar de las fórmulas y les trataría de hacer entender que todo es relativo." [14]

EL FRAGMENTO COMO PARTE DE UN PROYECTO MAYOR

Introducción

Se propone operar la construcción de un proyecto "integral" en un sitio determinado, a través de una demanda explicitada, con una expresión actual de arquitectura contemporánea.

El término *"Fragmento"* tiene un valor intrínseco, que es la idea de pertenencia/ser parte de… Ser parte del todo

Operar con un fragmento es hacer un proyecto con otro proyecto existente. Una nueva obra. Una nueva estructura arquitectónica.

El proyectar un fragmento tiene múltiples miradas. Una primera escala de aproximación al lugar (considerado fragmento de ciudad).

Ya en lo específico a partir de un edificio existente de valor patrimonial y cultural, implica el análisis de estructuras preexistentes, la distribución, la materialidad, y las condiciones del contexto.

Su aparición (del fragmento) requerirá necesariamente de intervenciones en el edificio existente, sin transgredir su estructura básica.

---

14. Le Corbusier. *Mensaje a los estudiantes de arquitectura*, 1959: "Si tuviese que enseñarles arquitectura".

Objetivos

- Reconocer y ejercitar la problemática de la composición múltiple y sus elementos.
- Abordar y comprender la relación analítico-propositiva del proyecto arquitectónico.
- Comprender a través del análisis, los distintos elementos de la composición y sus relaciones espaciales.
- Comprender que el proyecto de la "parte" evidencia la integridad de proyecto.
- Intervenir en un sector de la ciudad como teatro de operación proyectual en desarrollo, indagando y reconociendo las presiones externas que ejerce un entorno en constante transformación. Comprender y operar con las reglamentaciones vigentes.
- Abordar la problemática de las relaciones existentes entre forma arquitectónica y el orden constructivo necesario para el sustento de la propuesta (idea/espacio/forma/materia).
- Comprender el dominio del dibujo y de modelos a escala (maquetas) como instrumento de pensamiento tanto en la comunicación del proyecto como en la investigación proyectual.

GUÍA DEL TRABAJO PRÁCTICO

Definición del problema

Resolver como completamiento de un edificio existente, en este caso en el Centro Municipal de Distrito Centro "Antonio Berni" (CMDC), un anexo cultural.

Dichos espacios de carácter público, con alto grado de flexibilidad, servirán para desarrollar actividades con demandas sociales y culturales (talleres/salas de exposición/asambleas barriales) y sus correspondientes servicios.

Del análisis del edificio existente, surgirán las pautas de ubicación de la parte en relación a su estructura arquitectónica y con su entorno inmediato. A partir de la interpretación adecuada del lugar y el programa, las estrategias proyectuales definirán las relaciones de orden distributivo, formal y constructivo con finalidades arquitectónicas integradoras.

Ubicación

La desafectación de tierras ferro-portuarias permitió la recuperación de grandes espacios públicos sobre el frente del río, donde antes era impensado acceder. Sumado a esto la continuidad en la planificación de proyectos de valorización de la costa, una política de descentralización y una serie de obras pública-privadas le han cambiado la fisonomía a Rosario.

Nuevas temáticas, como los centros de distrito, convocaron nuevas obras o de recuperación y puesta en valor como anclajes de la memoria urbana. (Torre del Centro Distrito Centro).

Este escenario urbano, fragmento de ciudad, lugar de intervención cobra valor por su carácter de espacio público, recreativo y cultural.

Se propone trabajar con el edificio del Centro de Distrito Centro de Rosario. Ubicado en la calle Wheelwright entre Corrientes y Presidente Roca. El sector de emplazamiento es en la cabecera norte, área donde se desarrolla actualmente una plaza rodeada por las calles Wheelwright, Presidente Roca y Av. De la Costa.

Se sugiere respetar la vegetación más destacada.

DEFINICIÓN DEL PROGRAMA

Anexo cultural
> Hall de ingreso.
> 3 talleres (pueden interconectarse) flexibles.
> Salón de exposición y conferencias, de usos múltiples.
> Servicios sanitarios (ambos sexos).
> Circulaciones.
> *Superficie cubierta aproximada* (incluye el edificio existente) 3.800 m^2.

El proyecto contemplará la necesidad de generar expansiones al exterior propias del edificio, como así también el desarrollo del equipamiento.

Desarrollo
> Análisis e interpretación del edificio existente, del sitio y del programa.
> Análisis de ejemplos bibliográficos locales e internacionales.
> Definición de la masa edificada y el espacio abierto. Relaciones. Partidos posibles.
> Selección de una propuesta y análisis de sus posibilidades distributivas, morfológicas y constructivas.
> Análisis y definición de los elementos de composición.
> Definición de los elementos de arquitectura. Nueva estructura arquitectónica (idea-espacio-forma-materia).

Concreción
> El trabajo se desarrollará con la representación pertinente a cada etapa de proyecto (análogo-digital).

Presentación de bocetos/croquis/geometrales/perspectivas/ modelos a escala/fotografías.

Deberá existir absoluta coherencia entre el objeto y su representación. Cada equipo decidirá la composición de sus láminas. Escalas 1:500, 1:200, 1:100 (sector), 1:50.

Modalidad

El trabajo se desarrollará en forma grupal (equipos de 2 alumnos).

Duración

Unidad de proyecto a desarrollarse en 10 semanas.

Evaluación

Valor integral del proyecto. Relación fragmento-totalidad existente = nuevo todo.

RELACIÓN ANÁLISIS-PROYECTO

Alcances y coherencia de la propuesta en relación al proceso transcurrido.

Coherencia de la gráfica con los modelos a escala en la concreción.

Se plantearán evaluaciones parciales y finales en función del desarrollo de cada etapa pautadas previamente. Grupales e individuales (se especificarán en cronograma).

BIBLIOGRAFÍA

Biblioteca digital
www.analisisproyectual.fapyd.unr.edu.ar/villalba

Bibliografía adicional
Casa de la Caritat/arquitectos Piñón-Viaplana, Barcelona.
Galería Store Front/arquitecto Steven Holl, Nueva York.
La Gallega/arquitectos Faure-Malamud-Riveira, Rosario.
Castelvecchio/arquitecto Carlo Scarpa, Verona.

Dictamen

Dictamen final de la Comisión Asesora encargada de entender en el llamado a concurso dispuesto para cubrir un cargos de Jefe de Trabajos Prácticos en el Área Teoría y Técnica del Proyecto Arquitectónico, asignatura Análisis Proyectual I y II.

OPOSICIÓN/EXPOSICIÓN

Comienza su exposición con la utilización de medios digitales para proyectar imágenes que resultarán estimulantes. Previamente entrega a cada miembro de la comisión asesora, su propuesta de organización programática de la Unidad de Proyecto: el proyecto como fragmento de un proyecto mayor.

Con mucha seguridad expone sus ideas, desarrollando conceptos sobre el sentido de la relación enseñanza/aprendizaje, definiendo roles y requiriendo una actitud de autogestión del alumno, el taller como dispositivo pedagógico e insiste en la importancia de la relación Análisis/Proyecto aseverando que no hay Proyecto sin Análisis. Expresa que la enseñanza se hace con alguien. Reivindica el taller como el "Taller de talleres". Reivindica los medios digitales pero que recursos analógicos como el croquis, la maqueta y otros, son tan necesarios como lo fueron siempre.

Plantea que hay que hacerse entender, y recurre al Centro de Cultura Contemporánea de Barcelona que originalmente fuera la Casa de la Caridad, para ejemplificar con rigor su punto de partida teórico. Determina piezas de valor que tendrán que recuperarse y cuáles carecen de significado o no aportan al futuro proyecto para ser demolidas. La intervención define nuevas relaciones espaciales y su reestructuración con el entorno urbano.

Nos dice que el lugar valida la obra sobre la que se actuará y propone en el Centro de Distrito Antonio Berni, obra intervenida por el arquitecto colombiano Laureano Forero.

Valoriza la obra en sentido patrimonial, propone una estrategia de crecimiento surgida de trabajar los docentes anticipándose a la labor de los alumnos. Entender el edificio y valorarlo es el primer paso. Detectar la parte blanda, el lugar más blando es fundamental para construir el programa arquitectónico. Propone una actuación que incorpore 600 m^2 nuevos para definir un programa cultural que deberá traducirse en programa arquitectónico. Croquis de la concursante explicitando intenciones o posibilidades de actuación son valorables en esa instancia.

Nuevamente serán aportes al proceso, las imágenes seleccionadas que invitan a la reflexión. Reivindicando los vínculos entre experiencias realizadas en sede académica y estudio profesional, la aspirante presenta una obra de su autoría que a pesar de ser pequeña, es muy válida porque reproduce criterios de intervención sustentados a escala mayor reivindicando el vacío como componente estructural de la arquitectura.

Cierra su exposición proponiendo apoyarse en la representación, incorporar la medida, e ir de lo general a lo particular por ser abstracto el proyecto.

Y como evaluación, plantea que el alumno necesitará acreditar logros de conocimientos.

La estrategia de su presentación se vinculó con gran acierto con la estructura del programa del taller, enriqueciéndolo.

La oposición es fluida, coherente y contundente y su propuesta para el desarrollo de la unidad objeto del concurso es clara, completa y viable.